철학이
말을
걸었다

오늘 나에게 필요한
동양의 지혜

박병기, 강수정

사유정원
Publishing Company

초판 1쇄 발행 2025년 11월 1일

지은이	박병기, 강수정
펴낸이	강수정
펴낸곳	사유정원
출판등록	제 2025-000005호
주소	세종시 다솜로 290(어진동)
전자우편	sayugarden@naver.com
디자인	디에스피
블로그	https://blog.naver.com/sayugarden
ISBN	979-11-991497-3-1 (03100)

사유정원은 독자 여러분의 투고를 기다리고 있습니다.
원고가 있으신 분은 sayugarden@naver.com에 출간 기획서를 보내주세요.
파손된 책은 구입하신 서점에서 교환해 드리며, 책값은 뒷표지에 있습니다.

철학과 함께 한 하루

아침 지하철 안, 사람들은 각자의 화면을 바라본다. 메시지에 답장을 보내는 사람, 짧은 영상을 보는 사람, 주식 그래프를 확인하는 사람. 그는 무심히 스크롤을 내리다가 한 장의 사진 앞에서 손을 멈춘다. 친구가 부모님과 함께 찍은 사진이었다. 작은 케이크, 환한 웃음, 그리고 짧은 문장 하나. "함께 있는 시간이 제일 큰 선물."

창밖으로 아침 햇살이 스며든다. 문득 부모님의 얼굴이 떠오른다. 마지막으로 통화한 게 언제였을까. 그는 메시지를 쓴다. "밤새 잘 주무셨죠? 오늘은 바람이 선선하네요. 따뜻하게 입고 나가세요."

전송 버튼을 누르고 고개를 들자, 희끗한 머리의 노인이 손잡이를 잡고 서 있다. 그는 자리에서 일어나 부드럽게 말을 건넨다.

"여기 앉으세요."

노인은 미소 지으며 감사의 인사를 보낸다. 미소 속에서 작은 다정함이 스며든다. 그의 마음 한켠이 따뜻하게 일렁인다.

시계 초침이 일정한 리듬으로 울리고, 키보드 소리와 프린터의 진동이 사무실을 채운다. 모니터 속 메신저 알림이 쉴 새 없이 깜박인다. 그는 보고서를 쓰다 말고 손을 멈춘다. 문장이 더 이상 나아가지 않는다. 화면은 켜져 있지만, 마음은 벽에 부딪힌 듯 멈춰 있었다.

그때 창가에서 부드러운 바람이 스친다. 커튼이 살짝 흔들리고, 종이 한 장이 미세하게 움직인다. 그는 키보드에서 손가락을 떼고 고개를 들어 창밖을 바라본다. 하늘 위로 구름이 느릿하게 흘러가고, 멀리서 새 한 마리가 곡선을 그리며 지나간다. 그는 잠시 그 궤적을 눈으로 따라간다. 억지로 하지 않아도, 모든 것은 저마다의 속도로 흘러가고 있었다. 서두르지 않지만 모든 것이 자연스럽게 이루어진다.

그는 깊게 숨을 들이쉰다. 바람의 결, 빛의 온도, 공기의 흐름이 한꺼번에 몸속으로 스며든다. 그제야 머릿속이 맑아진다. 잠시의 멈춤, 그 짧은 순간에 그는 모든 것과 연결되어 있었다.

퇴근길, 그의 마음은 무겁게 가라앉아 있었다. 오랫동안 준비한 보고서를 보고 상사는 질책했다. "이건 현실성이 부족하네." 그 말이 내내 머릿속에서 맴돌았다. 노력은 무시당했고,

자존심이 상했다. 집에 돌아와 불을 켜자, 방 안이 낯설 만큼 조용했다. 그는 소파에 앉아 천천히 숨을 고른다.

'왜 이렇게 화가 났을까?'

스스로에게 묻는다. 이내 그는 눈을 감는다. 들숨과 날숨의 흐름에 의식을 맞추며 마음속 장면들을 하나씩 떠올린다. 상사의 표정, 회의실의 공기, 굳은 표정의 얼굴, 그는 그 모든 장면을 밀어내지 않고 조용히 바라본다.

분노의 밑바닥에는 '두려움'이 있었다. 인정받지 못하면 존재가 흔들릴 것 같은 두려움. 그는 그 마음을 있는 그대로 바라본다. 그제야 깨닫는다. 타인의 평가가 나를 만드는 것이 아니라, 그 평가에 흔들리는 마음이 나를 만든다는 것을.

상사의 말도, 자신의 분노도, 결국은 흘러가는 구름과 같은 것이었다. 그는 천천히 숨을 내쉰다. 평온은 멀리 있는 게 아니었다. 그저 집착을 내려놓는 순간, 마음이 제자리로 돌아오는 것이다.

아침의 다정한 안부와 양보 속에는 유가의 따뜻한 마음이 깃들어 있다. 사람을 향한 배려와 사랑, 그것이 인(仁)과 예(禮)의 시작이다. 낮이 되면 세상은 분주해지고, 마음도 조급해진다. 그러나 창밖의 구름 한 조각, 바람의 흐름 속에서 우리는 도가의 지혜를 배운다. 억지로 하지 않아도 모든 것은 제 속도로 흘러간다는 것을 안다. 하루의 끝, 상사의 질책이나 관계의 상처가 마음을 흔들 때, 불가의 가르침이 조용히 들려온다. 모든 것은 마음이 만들어낸 것일 뿐이라고. 그 말을 떠올리며 천천히 숨을 고르면 분노도, 집착도 바람처럼 흩어진다.

이렇게 우리의 하루는 이미 철학이 되어 있다. 다정함과 여유, 그리고 놓아버림 속에서 오래된 지혜가 오늘도 우리 곁을 흐르고 있다. 철학은 책 속의 문장이 아니라, 우리가 살아내는 하루의 또 다른 이름이다.

나의 생각과 감정, 선택의 방식에는 보이지 않게 이어져 온 정신의 흐름이 있다. 그것은 부모로부터, 마을로부터, 그리고 이 땅의 사유와 전통으로부터 내려온 마음의 유전자다. 그 뿌리를 이해할 때 우리는 자신을 온전히 받아들이게 된다. 나를 만든 세계를 이해할 때, 비로소 내 안의 평온이 자리 잡고 세상과의 관계도 부드럽게 이어진다.

"나는 왜 이렇게 불안할까?"
"내가 진짜 원하는 삶은 무엇일까?"

"무엇이 옳은 선택일까?"
"어떻게 해야 내 마음이 평온해질까?"

이 책은 그런 물음들에서 출발한다. 철학은 정답을 주지 않는다. 다만 그 물음 앞에 머무를 용기를 가르쳐 준다. 이 책에 등장하는 철학자들은 각자의 시대 속에서 '어떻게 살아야 할까'를 묻고 자신만의 답을 찾아 갔다.

그들의 길을 따라가다 보면 조급했던 마음이 차분해지고, 머릿속을 가득 메웠던 복잡한 생각들이 한 겹씩 걷혀 나간다. 그러다 문득 깨닫게 된다. '내가 진짜로 소중히 여겨야 할 것'이 이미 내 안에 있었다는 사실을. 철학은 지금 이 순간의 나를 이해하게 하는 대화다. 그 대화 속에서 우리는 자신만의 답을 찾아가게 될 것이다. 그리고 길의 끝에서, 우리는 아마 이렇게 말하게 될 것이다.

"철학이 말을 걸었다 - 그리고 나는 그 말에 답하고 있다."

목차

제1부. 나를 지키는 지혜

제1장. 있는 그대로의 나, 괜찮을까? — 18
- 미니멀리스트, 노자 — 19
- 미니멀리즘을 위한 지혜 — 20
- 자연스럽게 산다는 것 — 21
- 세상의 기준에서 벗어나라 — 25
- 숨길수록 빛나는 덕 — 29
- 낮아질수록 높아지는 지혜 — 33
- 덜어낼수록 넉넉해지는 삶 — 37

제2장. 비교에서 벗어난 자유란 무엇인가? — 42
- 자유로운 영혼, 장자 — 43
- 자유로운 삶을 위한 지혜 — 44
- 쓸모없음이 주는 쓸모 — 45
- 비교를 멈추는 지혜 — 49
- 우물 안 개구리와 여름벌레 — 55
- 절대 자유의 경지, 소요유 — 58
- 꿈과 현실을 넘나들다 — 61

제3장. 끝없는 고통, 어떻게 벗어날 수 있을까?   70

  붓다가 된 왕자, 석가모니   71
  평온한 마음을 위한 지혜   72
  우리 마음 속 세 가지 독   73
  집착을 내려놓는 법   79
  쾌락과 고행 사이에서 균형 잡기   84
  인연으로 맺어진 존재   88

제2부. 사람다움의 지혜

제4장. 사람답게 산다는 건 무엇일까?   96
   길 위의 선생, 공자   97
   고난 극복을 위한 지혜   98
   진심을 다해 사랑하라   99
   사랑은 표현으로 완성된다   104
   군자와 소인의 갈림길   108
   이름에 걸맞게 행동하라   112

제5장. 착함은 타고나는 것일까, 길러지는 것일까?   116
   불굴의 이상주의자, 맹자   117
   존경받는 리더의 지혜   118
   마음 속 네 가지 씨앗   119
   마음의 정원 가꾸기   124
   하루하루 의를 쌓아라   127
   곳간이 차야 인심이 난다   130
   덕은 세상을 바꾼다   134

제6장. 내 안의 부정적인 마음을 어떻게 다스리면 좋을까?   140

잊혀 진 현실주의자, 순자   141
욕망을 다스리는 지혜   142
양보는 본성에 어긋나는 행동   143
꾸준한 반복, 제2의 천성   146
욕망을 제어하는 장치, 예   151
길흉화복은 스스로가 불러오는 것   154

제3부. 마음을 세우는 지혜

제7장. 우주는 무엇으로 이루어졌을까?   160
   성리학의 집대성자, 주희   161
   자기 완성을 위한 지혜   162
   세상을 읽는 두 개의 코드   163
   우주를 담은 인간의 마음   167
   마음을 닦는 공부   169

제8장. 옳은 길, 어떻게 선택하고 지켜 나갈 것인가?   174
   칼을 찬 선비, 남명   175
   실천하는 삶을 위한 지혜   176
   작은 실천부터 시작하라   177
   마음을 붙드는 힘   182
   세상을 바로잡는 힘   187

제9장. 감정을 어떻게 조절해야 할까?   194

   다정한 유학자, 퇴계   195
   자기관리를 위한 지혜   196
   조선을 달군 치열한 논쟁   197
   착한 감정의 뿌리   199
   감정을 다스리는 방법   202

제10장. 겉과 속이 일치하는 삶은 어떻게 가능할까?   208

   행동하는 지성, 율곡   209
   인생을 망치는 8가지 나쁜 습관   210
   감정 사용법   212
   같은 원리, 다른 방식   216
   나를 바르게 세우는 공부   220

4부. 다름을 품어내는 지혜

제11장. 갈등은 어떻게 조화로 나아갈 수 있는가? 228
    파격의 수행자, 원효 229
    갈등을 풀어가기 위한 지혜 230
    마음에서 모든 것이 비롯된다 231
    갈대 구멍으로 하늘을 볼 것인가 234
    걸림이 없는 삶이 주는 자유 239

제12장. 깨달음은 어떻게 실천으로 이어질까? 242
    혼란 속의 개혁가, 지눌 243
    성장하는 나를 위한 지혜 244
    분열과 타락의 시대 속에서 245
    티끌 속에 깃든 우주 249
    깨달음, 그리고 꾸준한 수행 251
    고요한 마음 속 깊은 지혜 255

제13장. 내가 붙잡고 있는 건 보물일까, 허상일까? 260
  나라를 지킨 고승, 휴정 261
  진짜 공부를 위한 지혜 262
  참된 배움과 헛된 배움 263
  스스로 지어낸 환상의 세계 267
  닭이 알을 품듯 공부하라 272

주 석 280

1부

나를 지키는 지혜

제1장

> 있는 그대로의 나,
> 괜찮을까?

미니멀리스트, 노자

춘추시대, 수많은 제자백가가 사상을 펼치던 혼란의 시대에 한 철학자가 나타났다. 그는 바로 도가의 창시자, 노자였다.
노자의 성은 이(李), 이름은 이(耳), 시호는 담이라 전해진다. 그런데 후세 사람들은 왜 그를 굳이 '노자(老子, 늙은 스승)'라 불렀을까? 전해지는 말에 따르면 그의 어머니가 무려 80년 동안을 품다가 낳았으니, 세상에 나오자마자 이미 81세였다는 것이다. 아마도 태어날 때부터 노인의 지혜를 갖추고 있었다는 상징적 표현일 것이다.
노자는 주나라 국립도서관에서 일하며 세상의 흐름을 꿰뚫어 보았다. 그러나 주나라가 몰락하는 것을 보고 은거를 결심했다. 함곡관에 이르렀을 때, 수문장 윤희가 간청했다.
"선생님, 은거하시기 전에 부디 가르침을 남겨주십시오."
윤희의 간절함에 마음을 움직인 노자는 잠시 그곳에 머물며 붓을 들었다. 그는 짧지만 심오한 언어로 자신의 사상을 기록했는데, 그것이 바로 도가의 경전 『도덕경』이다.
책을 완성한 후, 노자는 홀연히 길을 떠났다. 그가 어디로 갔는지는 아무도 알지 못한다.[1]

미니멀리즘을 위한 지혜

1. 덜어내라

   많이 가지려는 마음은 혼란을 낳는다.
   필요 없는 것을 줄여야 진짜 필요한 것이 보인다.

2. 비워두라

   가득 찬 그릇은 더 이상 담을 수 없지만,
   텅 빈 그릇은 쓸모가 있다.
   비움 속에서 새로운 가능성이 열린다.

3. 욕망을 줄이라

   만족을 아는 자는 부유하다.
   끝없는 욕심은 마음을 가난하게 만든다.

4. 겸허하라

   부드럽고 낮은 것이 강한 것을 이긴다.
   겸허한 태도가 삶을 더 넉넉하게 만든다.

5. 자연을 따르라

   억지로 꾸미지 말고 스스로 그러함을 따르라.
   자연스러운 흐름이 곧 삶의 길이다.

있는 그대로의 나, 괜찮을까?

🌱 자연스럽게 산다는 것

　노자는 말한다. 억지로 꾸미지 않아도 된다고, 타고난 본성대로 자연스럽게 살아가면 된다고. 물고기가 물에서 자유롭게 헤엄치듯, 새가 하늘에서 자유롭게 날개짓하듯

　노자가 말하는 '자연'이란 스스로 그러함이다. 우리가 일상에서 쓰는 '자연스럽다'는 말이 바로 그 뜻이다. 만물에는 저마다 타고난 천성이 있으며, 그 천성에 따라 살아가는 것이 자연스러운 것이다. 물고기는 물에서, 새는 하늘에서, 사람은 땅 위에서 살아가는 것이 자연스럽다.

물고기를 땅에서 살게 하면 죽고, 사람을 물속에서 살게 하면 죽고 만다. 타고난 천성을 거스르는 것은 자연스럽지 못하며, 마침내 그 존재를 해치게 된다.

그러므로 도는 자연을 본받아 만물이 제 천성대로 살아가게 하는 것이다.

노자는 자연에 따르는 것을 무위라고 한다. 무위는 '일부러 하지 않는 것'이다. 그래서 무위자연(無爲自然)의 상태에 있을 때 인간은 타고난 성품대로 잘 살아갈 수 있는 것이다. 무위와 달리 인간이 '일부러 만들어 내거나 조작하는 것'을 인위라고 한다. 노자는 사회가 혼란한 이유는 사람들이 무위자연에서 벗어나 인위적인 제도와 잘못된 가치관에 따라 살아가기 때문이라고 한다.

인간이 만든 법이나 예의제도들은 인위적인 것으로 인간의 타고난 성품을 구속하는 틀이다. 노자는 큰 진리가 없어져 인의와 예절, 효자와 충신 등이 강조되는 사회가 되었다고 한다.

해마다 화두가 되는 말들이 있다. 삶이 지치고 상처가 많을 때 '힐링'을 강조하는 사회가 되며, 불행하다고 느끼는 사람이 많을 때 '행복'을 강조하며, 갈등과 싸움이 자주 발생할 때 '관용'을 강조하는 사회가 된다.

우리는 건강할 때는 건강에 대해서 생각하지 않고 살아간다. 위장이 건강할 때 우리는 위의 존재를 느끼지 않고 살아간다. 그런데 위가 아프게 되면 그때 위가 우리 몸의 어느 부분에 있는지 알게 된다. 그 부위의 아픔이 생생하게 느껴지고, 위의 건강을 회복하기 위해 이런저런 약을 먹고 식이요법을 해 나간다.

손가락을 다치게 되면 손가락의 존재가 크게 느껴지고 손가락의 치유를 위해 애쓰게 된다. 내 몸의 각각의 장기가 그 존재를 눈치 채지도 못할 만큼 제 역할을 잘 해내고 있는 것이 무위라고 할 수 있을 것이다. 무위란 일부러 하지 않지만 자연스럽게 만사가 잘 돌아가게 하는 것이다.

이와 반대로 인위란 인간의 자연스러움을 거스르게 함으로써 온갖 병폐를 만들어내는 것이다. 타고난 천성이 느린 사람에게 뭐든지 빨리하라고 재촉하면 어떻겠는가? 부끄러움이 많은 사람에게 다른 사람들 앞에 나서서 발표하라고 하면 어떻겠는가? 얼마 안 가 병이 들고 말 것이다.

우리의 교육 현실을 보면, 노자가 말한 자연의 흐름과는 거꾸로 가고 있는 듯하다. 대표적인 예가 '4세 고시'와 '7세 고시'다. 아직 놀며 자라야 할 나이에 아이들은 시험 준비와 경쟁 속으로 내몰린다. 언어와 지식을 조기 학습하는 것이 능력처럼 여겨지지만, 사실은 아이의 속도와 본성을 무시한 채 억지로 채워 넣는 인위의 삶일 뿐이다.

아이에게 필요한 것은 정해진 시간표가 아니라, 뛰놀며 호기심을 마음껏 펼칠 수 있는 자유다. 시험과 경쟁이 일상이 되면, 아이의 눈빛에서 반짝이던 자연스러운 생기가 점점 사라진다. 놀이와 성장을 통해 스스로 삶의 리듬을 배워야 할 시기에, 아이들을 성적과 비교라는 잣대로 재단하며 본성에서 멀어지게 하고 있다.

요즘 들어 우울증을 호소하는 사람들이 부쩍 늘어나고 있다. 이는 단순히 개인의 나약함 때문이 아니다. 오히려 사회가 끊임없이 요구하는 틀에 자신을 맞추려다 본성을 억누른 결과일 것이다. 더 빨라야 하고, 더 적극적이어야 하며, 더 성과를 내야 한다는 눈에 보이지 않는 규범들이 우리를 옥죄고 있기 때문이다.

느긋한 사람은 게으르다고 불리고, 내성적인 사람은 소극적이라 평가받는다. 그 과정에서 많은 이들이 자기 속도를 잃고, 점점 병들어 가고 있는 것이다.

노자는 이런 인위적인 제도와 규범이 인간을 해치는 독이 된다고 보았다. 억지로 꾸미거나 맞추려 하지 않고, 타고난 성품 그대로 자연스럽게 살아갈 때 비로소 행복에 다가갈 수 있다고 가르쳤다. 무위자연이란 결코 아무것도 하지 않는 삶이 아니라, 억지로 꾸미지 않아도 이미 충분한 삶을 말한다. 그 속에서 우리는 억눌린 마음이 풀리고, 삶의 진정한 균형과 평온을 되찾을 수 있다.

세상의 기준에서 벗어나라

사람들은 부유하고 강하며 귀하고 아름답고 가득 찬 것을 좋아한다. 반대로 가난하고 약하고 천하며 못생기고 비어 있는 것은 싫어한다.

그러나 노자는 절대적으로 옳은 것과 절대적으로 그른 것은 없다고 한다. 우리가 좋아하고 싫어하는 모든 것은 본래 상대적인 것에 불과하다는 것이다.

천하 사람들이 모두

아름다운 것을 아름다운 것으로 의식하지만

그것이 추한 것이고,

모두 착함을 착함으로 의식하지만

그것이 착하지 않은 것이다.

그러므로 있음과 없음이 서로 낳고

어려움과 쉬움이 서로 이루며

김과 짧음이 서로 만들어 내고

높음과 낮음이 서로 말미암으며

음과 소리가 서로 어울리고

앞과 뒤가 서로 따른다.[2]

아름다움의 기준은 시대마다 달라진다. 옛사람들이 미인이라 여겼던 모습과 오늘날 우리가 이상적이라 생각하는 외모는 크게 다르다. 또 나라와 문화권에 따라서도 미인의 기준은 제각각이다. 미인이다, 아니다를 가르는 기준이란 결국 인간이 만들어 낸 짧은 소견일 뿐이다.

착함의 기준도 마찬가지다. 어떤 이는 자신의 말을 잘 들어주면 착하다고 하고, 어떤 이는 의도와 상관없이 다수에게 이익이 되는 것이 착하다고 말한다. 또 어떤 이는 결과보다 선한 의도를 가진 행동 자체를 착하다고 평가한다. 이렇게 선악의 기준은 사람과 상황에 따라 달라지며, 하나의 절대적 기준으로 고정될 수 없다.

우리가 길다고 느끼는 것은 짧은 것이 있기 때문이며, 어려움이란 쉬움이 있기에 드러난다. 음악 또한 높고 낮은 소리가 어울려야만 아름다움이 완성된다. 이렇듯 세상에서 옳다거나 그르다고 여기는 것들 대부분은 절대적 진리가 아니라 상대적인 판단일 뿐이다. 그렇기에 자신이 옳다고 믿는 것을 끝내 고집하는 것은 오히려 어리석음일 수 있다

> 서른 개의 바퀴살이 가운데로 몰려드네.
> 가운데가 비어 있어 바퀴가 굴러가네.
> 진흙을 빚어서 그릇을 만드나니
> 속이 비어 있어 그릇이 쓸모 있네.
> 문과 창을 뚫어 방을 만드나니
> 속이 비어 있어 방들이 쓸모 있네.
> 그러므로 있어서 이로운 것은
> 빈 부분의 쓸모 때문이네.[3]

노자는 평소 우리가 주목하지 않는 것 또한 나름의 가치가 있다고 말한다. 우리는 무언가를 볼 때 그 겉모습에만 치중하는 경향이 있다. 그런데 그 겉모습과 더불어 그것을 구성하는 부분인 '비어있는 부분'이야말로 물건들을 잘 기능하게 하는 중요한 부분이다.

자동차 바퀴를 생각해보자. 타이어 안이 가득 차 있으면 바퀴가 굴러가지 않는다. 공기를 채울 수 있는 비어있는 부분이 필요하다. 그래야 잘 굴러간다. 그릇도 마찬가지다. 그릇의 용도는 무언가를 담기 위함이다. 그릇의 비어있는 공간이 있어야 그 그릇이 쓸모가 있는 것이다. 집도 휴식의 공간이므로 비어있는 공간이 있어야 쉼이 가능하다.

있음과 없음이 함께일 때 그것의 본질적 기능을 다하는 것이다. 그런데 우리는 그릇의 겉모양이나 집의 겉모습이나 가격에만 집중하여 그것의 본질적인 기능에 대해서는 생각하지 않는 경우가 많다.

노자는 선과 악, 아름다움과 추함, 있음과 없음처럼 모든 것이 상대적이라고 말했다. 세상은 서로 다른 것들이 어울려야 비로소 균형을 이룬다.

우리가 불행에서 벗어나기 위해 필요한 것은 생각의 전환이다. 끝없는 경쟁에서 벗어나 억지로 꾸미지 말고, 있는 그대로의 본성을 따라 살아가는 무위자연의 태도가 필요하다. 느리면 느린 대로, 빠르면 빠른 대로 살아가는 것. 그것이야말로 불필요한 비교에서 자유로워지고 자기 삶의 주인이 되는 길이다.

숨길수록 빛나는 덕

인간은 누구나 어머니에게서 태어난다. 어머니는 태중에서부터 생명을 보호하고 길러낸다. 아기가 해를 입을까 봐 몸이 아파도 약을 삼가고, 좋아하던 커피조차 끊으며 몸을 보호한다. 아이가 태어나면 밤잠을 설치고 밥도 제때 먹지 못하며 아기를 돌본다. 몸은 지쳐도 아기의 방긋 웃음에 마음이 녹아, 온 정성을 다해 길러낸다.

노자는 어머니와 같이, 만물을 낳고 기르는 것을 도와 덕이라 하였다. 만물을 낳는 것은 도이고, 길러주는 것은 덕이다. 그래서 만물은 도를 높이고 덕을 귀하게 여긴다.

도(道)로써 생겨나고 덕(德)으로써 길러지며
물질로써 몸을 만들고 흐름에 따라 삶을 이룬다.
이 때문에 만물은 도를 높이고 덕을 귀하게 여긴다.

도를 높이고 덕을 귀하게 여기는 것은
그렇게 시키지 않아도 늘 저절로 그렇게 하는 것
그러므로 도가 낳고 덕이 기른다.
자라게 하고 기르며 정지시키고 숙성시킨다.

그리고는 생명을 길러 부활케 한다.

낳아도 자기의 소유로 생각지 않고
위해주어도 생색내지 않으며
길러주어도 간섭하지 않으니 이를 현덕(玄德)이라 한다.[4]

만물을 생성하고 길러내는 도와 덕은 정성을 다하지만, 동시에 만물의 본성을 존중하며 스스로 성숙할 수 있게 한다. 그 과정에서 생색을 내거나 간섭하지 않는다. 이런 도와 덕의 태도처럼, 부모가 자식을 낳고 기르되 간섭하거나 생색내지 않는다면 자식은 자연스레 그 은혜를 알고 부모를 존중하게 된다.

누군가를 이끌어야 할 자리에 서게 된다면, 우리는 무엇을 먼저 생각해야 할까? 노자는 정치를 네 가지 수준으로 나누어 설명하며, 그 길잡이를 제시한다.

임금이 최고의 정치를 하면
백성들은 그 임금이 있다는 사실만을 안다.
그다음 수준의 정치가 행해지면
백성들은 그 임금을 좋아하고 찬양한다.

그다음 수준의 정치가 행해지면

백성들은 그 임금을 두려워한다.

그다음 수준의 정치가 행해지면

백성들은 그 임금을 업신여긴다.

임금에게 신의가 없으면

아무도 그를 믿지 않는다.

그러니 머뭇머뭇 말을 아낄 수밖에.

공이 이루어지고 일이 끝나면

백성들은 모두 말한다.

우리가 스스로 그렇게 했노라고.[5]

   최상의 덕을 지닌 리더는 자신을 드러내지 않는다. 국민이 안전하게 생업에 종사하도록 돕되 공을 내세우지 않으니, 국민은 모든 것을 스스로 이루었다고 여긴다.

   두 번째 수준의 리더는 공을 은근히 드러내어 국민의 칭송을 받는다. 그러나 칭송은 곧 의존으로 이어져, 그가 사라지면 국민은 우왕좌왕하며 길을 잃기 쉽다.

   세 번째 수준의 리더는 두려움을 기반으로 통치한다. 국민은 그의 눈치를 보며 순종하지만 마음속 존경은 사라진다. 공포로 유지되는 질서는 언제든 무너질 수 있다.

그보다 낮은 수준의 리더는 국민의 신뢰를 잃고 업신여김을 당한다. 두렵게 하는 리더는 그나마 질서를 유지할 수 있으나, 업신여김을 받는 리더는 누구도 따르지 않아 사회는 혼란에 빠지고 국민은 삶의 터전을 잃게 된다.

이 기준을 부모에게도 적용할 수 있다.

최고의 부모는 자식이 겪을 어려움을 미리 예방하고, 스스로 해결할 수 있는 역량을 길러준다. 아이는 이를 통해 스스로 해냈다고 여기며 자신감을 얻고 자유로운 존재로 성장한다.

두 번째 유형의 부모는 늘 곁에서 어려움을 해결해 주어 아이가 의존하게 만든다. 아이는 부모와 함께 있을 때는 든든하지만, 그렇지 않을 때는 쉽게 불안에 휩싸일 수 있다.

세 번째 유형의 부모는 아이의 성품을 고려하지 않고 자신의 기준에 억지로 맞추려 한다. 아이는 두려움 때문에 겉으로는 순종하지만, 마음속의 존경과 애정은 서서히 사라진다. 그 결과 아이는 때로는 반항하거나, 혹은 주눅 들어 자존감을 잃기도 한다.

네 번째 유형의 부모는 아이를 방치한다. 돌봄 없는 성장 속에서 아이는 부모를 더 이상 신뢰하지 않게 되고, 결국 깊은 상처와 결핍을 안은 채 어른이 된다.

결국 노자가 말하는 현덕은, 부모든 리더든 간섭과 소유의 욕심을 내려놓고, 상대의 본성을 존중하며 스스로 성장할 수 있도록 돕는 태도라 할 수 있다.

낮아질수록 높아지는 지혜

직장에서 보면, 늘 조용히 묵묵하게 일하는 동료가 있다. 자신의 공을 크게 내세우지 않지만, 어느새 그의 손길이 없으면 일이 돌아가지 않는다는 걸 알게 된다. 마치 물과 같은 사람이다.

물은 세상에서 가장 부드럽지만, 단단한 바위틈도 뚫고 들어간다. 온갖 것을 이롭게 하면서도 자신을 내세우지 않는다. 그리고 항상 낮은 곳으로 흘러가며 다투지 않는다.

> 가장 좋은 것은 물과 같다.
> 물은 온갖 것을 이롭게 하면서도 공을 다투지 않고
> 모두가 싫어하는 낮은 곳에 처하므로 도에 가깝다.
> 낮은 땅에 거처하면서 마음은 깊은 심연으로 향한다.
> 남과 같이 있으면 늘 한마음이 되고 말을 하면 정말 미덥다.

다스리면 잘 다스려지고 일을 하면 큰 능력을 발휘하며
움직이면 곧바로 진리가 된다.
애당초 남과 다투지 않으니 허물이 없다.[6]

만물을 살리면서도 제 공이라 내세우지 않고 항상 아래로 아래로 흘러가는 물, 순리대로 흘러가며 온갖 더러운 것들을 깨끗이 씻어주는 물이야말로 최고의 덕을 지니고 있다.

물은 길을 따라 흘러갈 뿐 억지로 무언가를 바꾸려 하지 않는다. 그러니 물은 개울을 만나면 개울물이 되고, 강을 만나면 강물이 되고, 바다를 만나면 바닷물이 되는 것이다.

노자가 살았던 시대는 서로 자신이 가장 옳고, 똑똑하다고 내세우는 시대였다. 그리고 서로 더 좋은 것을 차지하기 위해 싸우던 시대였다. 그러니 세상에 온갖 이로움을 가져다주면서도 자신을 낮추면서 싸우지 않는 사람을 최고의 덕을 지닌 사람이라고 한 것이다.

오늘날 우리는 원하는 대학에 진학하고, 원하는 직업을 얻기 위해 온갖 스펙으로 무장하고 화려한 포장지로 자신을 꾸며야 한다. 능력 있는 상품처럼 자신을 전시해야 하는 사회, 겸손과는 거리가 먼 사회 속에서 끝없이 자신을 드러내다 보면, 어느 순간 나는 누구인지, 내 본성이 무엇인지조차 알기 어려워진다. 그리고 문득 설명할 수 없는 공허함이 찾아온다.

정말 이렇게 살아가도 괜찮은 걸까? 강해야만, 있어 보여야만, 아름답기만 해야 잘 사는 걸까? 진정으로 잘 산다는 것은 무엇일까?

노자는 그 답을 물의 덕(德)에서 찾았다. 물은 낮은 곳으로 흐르며 다투지 않는다. 그러나 모든 것을 이롭게 하고 스스로 존재한다. 억지로 드러내지 않아도 세상과 조화를 이루는 것, 바로 그 삶이 노자가 말한 '잘 산다'의 의미다

> 세상에서 가장 부드러운 것이
> 세상에서 가장 딱딱한 데를 다닐 수 있나니
> 없어야만 틈 없는 곳으로 들어가는 법
> 그래서 나는 무위의 이로움을 안다.
> 말 없는 가르침, 무위의 이로움
> 천하에 그것을 알고 따를 자 드물다.[7]

물은 세상에서 가장 부드러우면서도 온 세상을 다닐 수 있다. 단단한 바위틈에도 스며들어 생명을 살려낸다. 그러니 일부러 하지 않으면서도 하지 못 하는 것이 없게 되는 것이다.

그런데 사람들은 이러한 진리를 알지 못한 채 하찮은 자신의 공을 내세우지 못해 안달복달하고, 자신을 알아주지 않는다고 분노하고, 자기가 알고 있는 얕은 지식을 세상의 진리인 양 여기며, 다른 사람들의 말은 귀담아듣지 않는다.

이기심, 편협함, 우쭐거림은 사람들이 무위의 덕을 잃어버려 생겨나는 병폐들이다. 내가 잘났다고 소리친들 다른 이가 알아줄 것인가? 오히려 웃음거리만 될 뿐이다.

물처럼 조용히, 그러나 묵묵히 다른 이들을 이롭게 하면서도 자신의 공을 드러내지 않는 사람이 있다. 그는 말없이 흘러가듯 살지만, 어느새 주변 사람들은 그 덕을 알게 된다. 설령 아무도 알아주지 않아도 그는 개의치 않는다. 그런 사람이야말로 성인의 모습에 가깝다.

노자는 물이 만물을 이롭게 하면서도 늘 낮은 곳에 머무는 겸허의 덕, 다투지 않는 부쟁의 덕을 지녔다고 말한다. 그래서 물은 최고의 덕을 지닌 존재이며, 이를 상선약수(上善若水)라 한다.

덜어낼수록 넉넉해지는 삶

노자가 꿈꾸었던 나라는 어떤 모습일까? 그곳은 단순하고 욕망이 적은 나라다. 귀한 물건이 없어 탐내는 마음이 일지 않고, 끝없는 경쟁도 사라진다. 복잡한 제도나 인위적인 규범이 사람들을 억누르지 않으며, 누구나 본성에 따라 자연스럽게 살아간다. 서로 다투지 않아도 삶이 조화롭고, 많은 것을 가지지 않아도 풍요를 느낄 수 있는 나라. 노자가 바라본 이상향은 바로 그렇게 소박하면서도 자유로운 세상이었다.

> 나라를 작게 만들고 백성들을 적게 만들어
> 무수한 기계가 있어도 쓰지 않게 하고,
> 백성들이 멀리 옮겨가지 않게 한다.
> 비록 배와 수레가 있어도 탈 일이 없고,
> 비록 갑옷과 칼이 있어도 쓸 일이 없다.
> 이웃 나라가 서로 바라보이고
> 닭소리 개소리 서로 들려도
> 백성들은 늙어죽도록 왕래하지 않는다.[8]

국가가 크고 인구가 많아질수록 인위적인 제도와 수많은 법령이 생겨나고, 그만큼 복잡한 규칙도 늘어나게 된다. 노자는 이런 세상을 경계하며, 작은 국가와 적은 백성이 사는 사회, 즉 소국과민(小國寡民)의 사회를 이상으로 삼았다.

노자는 불필요한 문명이 발달하지 않고, 이웃 나라와 굳이 왕래하지 않아도 스스로 만족하며 살아가는 사회. 그는 바로 그런 나라를 꿈꾸었던 것이다.

오늘날처럼 수많은 사람이 함께 살아가고, 세계와 활발히 교류하는 시대에 노자의 소국과민 사상은 다소 낯설게 다가올 수도 있다. 그러나 불필요한 제도를 줄이고, 사람들을 얽매는 규칙을 최소화해야 한다는 그의 가르침은 여전히 깊이 되새겨볼 만하다.

노자는 '현명함'을 숭상하지 말고 '진귀한 물건'을 귀하게 여기지 않아야 함을 강조한다.

현명함을 존중하지 않으면
사람들이 다투지 않고
진귀한 물건을 귀하게 여기지 않으면
사람들이 훔치지 않으며
욕망을 나타내 보이지 않으면

사람들의 마음이 어지럽지 않다.

이 때문에 성인이 다스리면

사람들은 마음을 비우고 배를 채우며,

뜻을 부드럽게 가지고 몸을 튼튼케 한다.

사람들이 줄곧 앎이 없고 욕심이 없으면

영악한 자들이 어쩔 수 없으니

무위로 정치를 하면 다스러지지 않음이 없다.[9]

백성들에게 이로운 기계들이 많아지면

국가는 점점 혼탁해진다.

사람들에게 기이한 재주가 많아질수록

기이한 물건들이 점점 더 생겨난다.

법령이 더욱 촘촘해질수록

도적들이 많이 생겨난다.

그러므로 성인은 말한다.

내가 함이 없으니

백성들이 저절로 바뀌고

내가 고요함을 좋아하니

백성들이 스스로 바르게 되며

내가 일이 없도록 하니

백성들이 스스로 부유해지고

내가 욕심내지 않으니

백성들이 저절로 순박해진다. [10]

    현명한 사람을 숭상하면 사람들은 앞다투어 지혜를 쌓으려 애쓴다. 그러나 그렇게 쌓인 지혜는 사물을 지나치게 구분하고 따지게 만들어, 오히려 영악하고 교활한 길로 흐르기 쉽다. 본래의 단순하고 순수한 마음은 사라지고, 자연의 도에서 점점 멀어진다. 법령이 촘촘해질수록 아이러니하게도 법을 어기는 자들이 더 많아진다. 인간의 욕망을 억누르고자 만든 장치들이 오히려 새로운 욕망을 불러일으키기 때문이다.

    현대 사회에서도 이 모습은 쉽게 찾아볼 수 있다. 끊임없이 쏟아지는 자기계발서와 성공 비법은 사람들에게 더 많은 지식과 기술을 요구한다. 하지만 지식을 쌓을수록 단순하게 보던 마음은 사라지고, 끝없는 비교와 경쟁 속에서 불안만 커진다.

    법과 규칙 또한 그렇다. 안전과 질서를 위해 마련된 제도들이 오히려 새로운 편법과 꼼수를 낳기도 한다. 규칙이 늘어날수록 그것을 피해 가려는 시도도 함께 늘어난다. 결국 문제의 근원은 법이나 기술이 아니라, 인간 안에서 끝없이 자라나는 욕망이다.

이와 달리 성인의 길은 단순하다. 억지로 사람들을 바꾸려 하지 않고, 스스로 본성을 따라 살도록 돕는 것이다.

노자는 사람들이 무지하고 무욕하며 소박하게 살아가는 것이 자연에 가까운 삶이라고 보았다. 여기서 무지와 무욕은 어리석음이 아니라, 인위적인 지식과 끝없는 욕망에 매이지 않는 태도를 뜻한다.

있는 그대로의 삶을 받아들이고 꼭 필요한 만큼만 누리며 살아갈 때 다툼은 사라지고 마음은 평온해진다. 과잉의 시대일수록 무위의 지혜가 필요하다. 욕망을 비우고 단순하게 살아가는 삶 속에서 참된 평화와 풍요가 찾아온다. 이것이 오늘날에도 여전히 유효한 노자의 메시지다.

화려함보다 소박함을, 다툼보다 겸허함을, 억지보다 자연스러움을 택할 때 우리는 노자의 길을 만난다. 그 길은 단순하지만 분명하다. 꾸미지 않아도 충분한 삶, 비어 있음 속에서 더 넉넉해지는 삶, 물처럼 낮고 겸허히 흐르는 삶. 바로 그곳에 노자가 남긴 지혜가 있다.

제2장

> " 비교에서 벗어난
> 자유란 무엇인가? "

자유로운 영혼, 장자

장자가 살았던 전국시대는 주나라 황실의 권위가 무너지고 제후들이 끊임없이 전쟁을 벌이던 혼란의 시대였다. 백성들은 전란에 시달리며 삶의 터전을 잃고 도탄에 빠졌다. 바로 그 격랑의 한복판에서 장자는 가난했지만 누구보다도 자유로운 삶을 추구했다.

어느 날 초나라 위왕이 장자를 재상으로 삼고자 두 명의 사신을 보냈다. 강가에서 유유자적 낚싯대를 드리우고 있던 장자는 그들의 말을 듣고도 눈길조차 주지 않은 채, 조용히 물었다.

"초나라에 신기한 거북이 있는데, 죽은 지 3천 년이 되어 진귀한 함에 넣어 종묘에 모셔 두었다 하오. 자, 그 거북은 죽어서 그렇게 받들어지길 바랐겠소, 아니면 살아서 꼬리를 흔들며 진흙 속을 기어 다니길 바랐겠소?"

사신들이 대답했다.

"당연히 살아서 진흙 속을 기어 다니길 바랐겠지요."

그러자 장자는 웃으며 이렇게 말했다.

"그걸 알면서도 왜 아직도 여기에 있는 게요? 나도 살아서 꼬리나 흔들며 진흙 속을 기는 편이 훨씬 좋소이다."[11]

| 자유로운 삶을 위한 지혜 |

1. **비교를 멈추라**

    남과의 경쟁·비교 속에서 진짜 나를 잃는다.
    다름을 인정하고, 있는 그대로의 자신을 받아들이라.

2. **자기만의 리듬으로 살아라**

    세상이 정해준 속도에 맞추려 애쓰지 말라.
    당신만의 템포로 걸어가야 오래, 멀리 간다.

3. **현실과 꿈을 넘나들라**

    일상은 현실이지만, 꿈꾸는 순간 또 다른 진실이 열린다.
    상상력을 삶의 에너지로 삼아라.

4. **의존 대신 자율을 선택하라**

    타인의 인정, 시스템, 물질에 매달릴수록 자유는 멀어진다.
    스스로 만족할 수 있는 기준을 세워라.

5. **삶을 가볍게 웃어넘겨라**

    실패도, 손해도, 죽음조차도 지나가는 과정일 뿐.
    조금은 가볍게, 유머 있게 살아가는 것이 진짜 자유다.

비교에서 벗어난 자유란 무엇인가?

쓸모없음이 주는 쓸모

회사에서 중요한 자리를 맡거나, 대중의 인기를 한 몸에 받거나, 남들보다 뛰어난 재능을 인정받을 때 사람들은 박수를 보낸다. 그러나 그 박수 뒤에는 보이지 않는 대가가 따른다. 승진은 책임과 스트레스를 불러와 자유를 앗아가고, 인기 있는 연예인은 사생활을 잃은 채 늘 평가받는 삶을 산다. 성과를 내는 연구자는 쉼 없이 새로운 결과물을 요구받는다. 기계의 핵심 부품일수록 가장 먼저 닳아 없어지듯, 사람도 '쓸모 있음' 속에서 더 빨리 소모되는 것이다. 장자는 바로 이 점을 꿰뚫어 보았다.

남백자기가 송나라의 서울 상구를 지나다가
큰 나무를 보았다.
말 네 필이 끄는 수레 일천 채를 매어 숨긴다면
곧 나무 그늘 밑에서 가려질 만하였다.
남백자기가 말했다.
"이것은 무슨 나무일까?
이것은 반드시 별다른 쓸모가 있을진저"하고
우러러 그 가는 가지를 보니
구불구불하여 마룻대와 들보로 삼을 수 없고,
머리 숙여 그 굵은 뿌리 부분을 보면
나무의 속이 풀어져서 관곽을 삼을 수 없고,
그 잎을 핥아보면 입이 데어 벗겨져서 다치게 되며,
냄새를 맡아보면 사람이 미칠 지경으로 크게 취하여
사흘 동안 멈추지 않았다.
남백자기가 말했다.
"이것은 과연 쓸모없는 나무인지라 이와 같이 커지게 되었다.
아, 신인은 이와 같이 쓸모없음으로 대용을 삼는구나!"[12]

　계수나무는 열매가 먹을 만하다는 이유로 베이고, 칠나무는 쓰임새가 많다는 까닭에 잘려 나간다.

그러나 어디에도 쓸모없다고 여겨진 나무는 오히려 오래 살아남아 넉넉한 그늘을 드리운다. 그 그늘 아래서 사람들은 잠시 걸음을 멈추고 앉아 땀을 식히며, 쉴 틈 없던 일상에서 벗어난다. 아이들은 웃으며 뛰놀고, 노인은 한숨 돌리며 마음의 짐을 내려놓는다. 그늘은 몸과 마음을 동시에 쉬게 하는 안식처가 된다.

우리는 '쓸모 있음'의 가치는 잘 알지만, 그 뒤에 숨은 '쓸모 없음'의 자유와 여유는 쉽게 깨닫지 못한다. 어쩌면 지금 우리에게 진짜 필요한 것은, 누구도 함부로 잘라낼 수 없는 '쓸모 없음의 자유'일지 모른다.

장자는 인간이 스스로 만든 사회 제도와 규범, 그리고 끊임없는 비교와 차별이야말로 혼란과 불행의 뿌리라 보았다. 쓸모와 무쓸모, 귀함과 천함, 아름다움과 추함, 옳고 그름이라는 모든 잣대는 결국 인간의 편협한 분별심에서 비롯된 것일 뿐이다.

다르다는 관점에서 보면 내 몸의 간과 쓸개조차 서로 어울리지 못하는 이질적 존재처럼 보인다. 그러나 같다는 관점에서 보면, 나와 산과 강, 새와 짐승까지도 모두 도의 큰 흐름 속에서 하나로 이어져 있음을 알 수 있다

동곽자가 장자에게 물었다.

"도는 어디에 있는지요?"

장자가 대답했다. "있지 않은 곳이 없다."

"꼭 찍어 말씀해 주셔야 알아듣겠습니다."

"땅강아지나 개미에게 있다."

"어찌 그리 낮은 곳에 있습니까?"

"돌피나 피 따위에 있다."

"어찌 더 아래로 내려가십니까?"

"기왓장이나 벽돌 조각에 있다."

"어찌 더 심해지십니까?"

"똥이나 오줌 속에 있다."

동곽자는 이 말을 듣고 말문이 막혔다.[13]

우리는 흔히 '도'를 거창하고 고귀한 곳에서 찾아야 한다고 생각한다. 산꼭대기나 신비로운 사원, 혹은 특별한 성인에게서만 발견할 수 있을 것 같지 않은가? 그러나 장자의 대답은 전혀 달랐다. 도는 하찮게 여겨지는 것, 더럽다고 외면하는 것, 눈에 잘 띄지 않는 아주 작은 것 속에까지 깃들어 있다는 것이다.

그 이유는 간단하다. 세상에 존재하는 모든 것은 도에서 비롯되었고, 도의 작용 속에서 살아가기 때문이다. 하늘과 땅, 나무와 풀, 사람과 짐승, 심지어 무가치해 보이는 흙이나 배설물조차 도의 일부인 것이다.

장자는 이 원리를 조금 더 구체적으로 풀어낸다. 세상 만물을 낳아주는 근본 원리를 '도(道)'라 하고, 각 사물이 태어나 자기만의 성질과 특성을 갖게 하는 힘을 '덕(德)'이라 불렀다.

예컨대 나무가 햇빛을 향해 뻗어가고, 물고기가 물속에서 숨 쉬며, 인간이 이성을 통해 사고하는 것, 이 모두가 바로 각자가 받은 덕이다. 모든 존재는 저마다 도로부터 부여받은 덕을 따라 살아갈 때 가장 자연스러우며 행복해 질 수 있다.

비교를 멈추는 지혜

우리는 살아가면서 끊임없이 비교당하고, 기준에 맞추기를 강요받는다. 좋은 집은 어디여야 하는지, 어떤 직업이 귀하게 여겨지는지, 어떤 외모가 아름다운지, 마치 정해진 답이 있는 듯 보인다. 그러나 그 답은 정말 모두에게 옳을까?

어떤 사람에게 편안한 환경도 다른 이에겐 지옥일 수 있고, 한쪽에서 찬란한 미인으로 추앙받는 모습이 다른 생명에게는 전혀 매력이 없을 수도 있다. 장자는 바로 이런 상대성의 세계를 우화로 풀어내며, 인간이 만든 기준의 허망함을 보여준다.

사람은 습한 곳에서 자면 허리 병이 생겨
반신마비로 죽거늘 미꾸라지도 그러한가?
사람은 나무 위에서 살게 되면
벌벌 떨며 무서워하거늘 원숭이도 그러한가?
이 셋 중에 누가 바른 처소를 아는가?

사람은 들짐승과 날짐승을 먹고,
고라니와 사슴은 풀을 먹고,
지네는 뱀을 달게 먹고,
부엉이와 까마귀는 쥐를 즐겨 달게 먹으니,
이 넷 중에서 어느 것이 바른 맛을 아는가?

모장과 여희는 사람들이 아름답다고 하나
물고기가 그들을 보면 깊이 숨어들고
새가 그들을 보면 높이 날아오르고

사슴이 그들을 보면 뒤도 돌아보지 않고 달아난다.

이 넷 중에서 누가

천하의 바른 미색을 안 것인가?[14]

사람은 습한 곳에서 자면 병에 걸리지만, 미꾸라지는 그 속에서 자유롭게 살아간다. 사람은 나무 위에서 두려움에 떨지만, 원숭이는 나무 위를 누비며 즐겁게 논다. 사람에게는 고통이 되는 환경이, 다른 생명에게는 삶의 터전이 되는 것이다.

마찬가지로, 사람이 맛있다 여기는 음식은 사슴이나 지네, 부엉이에게는 전혀 다른 의미를 가진다. 사슴은 풀을 먹고, 지네는 뱀을, 부엉이는 쥐를 즐겨 먹는다.

인간이 절세미인이라 칭송하는 모장과 여희조차, 물고기나 새, 사슴에게는 두려움의 대상일 뿐이다.

장자는 우리에게 묻는다. "누가 바른 처소를 아는가? 누가 바른 맛을 아는가? 누가 바른 아름다움을 아는가?"

그 답은 의외로 간단하다.

각자에게 맞는 것이 곧 바른 것이다. 미꾸라지에게는 습한 곳이 바른 처소이고, 사슴에게는 풀이 바른 음식이며, 물고기에게는 물속이 가장 안전한 공간이다. 마찬가지로 우리에게도 각자의 길이 있다. 누구에게나 똑같은 '정답의 삶'은 존재하지 않는다.

> 도의 관점에서 보면
> 만물에는 귀천이 없다.
> 그런데 사물의 관점에서 보면
> 모두 자기를 귀하게 여기고
> 서로 상대를 천시하고,
> 세속의 관점에서 보면
> 귀천이 나에 있지 않게 된다.
> 차별이란 관점에서 보면
> 사람들이 각자 크다고 여기는 것을 기준으로
> 어떤 사물을 크다고 하면
> 만물이 크지 않은 것이 없고,
> 사람들이 각자 작다고 여기는 것을 기준으로
> 어떤 사물을 작다고 하면
> 만물이 작지 않은 것이 없다.[15]

세상에는 절대적인 옳음이나 아름다움이 없다. 우리가 옳다, 아름답다, 가치 있다고 여기는 것은 모두 상대적인 기준일 뿐이다. 장자가 말한 제물론(齊物論)의 핵심은 바로 여기에 있다. 도의 눈으로 본다면 만물은 차별 없이 평등하다.

하지만 우리는 여전히 분별의 잣대로 사람을 평가한다. 어느 대학을 나왔는지에 따라 귀천을 나누고, 졸업장이 그 사람의 지혜와 실력을 증명한다고 착각한다. 그러나 진짜 실력과 삶의 지혜는 서류 한 장으로 드러날 수 없다.

외모도 마찬가지다. 많은 사람들이 날씬한 몸매와 눈길을 사로잡는 겉모습을 아름다움의 기준으로 삼는다. 그러나 진짜 매력은 훨씬 더 다양하다. 어떤 이는 환한 웃음으로, 또 어떤 이는 따뜻한 눈빛이나 편안한 기운으로 사람들을 끌어당긴다. 아름다움은 결코 하나의 잣대로 규정될 수 없다. 각자 자신만의 방식으로 빛나는 순간, 그 자체로 이미 충분히 아름답다.

결국 우리에게 필요한 것은 남과 비교하는 눈이 아니다. '나 역시 있는 그대로 충분하다'는 믿음을 갖는 것이다. 그 순간 우리는 비교의 굴레에서 벗어나 자유로워질 수 있다.

> 물오리의 다리가 짧다고 해서 늘인다면
> 물오리는 괴로울 것이요,
> 학 다리가 길다고 해서 절단한다면
> 학은 슬퍼할 것이다.

따라서 천성적으로 긴 것은 절단할 것은 아니요,

천성적으로 짧은 것은 늘릴 일이 아니다.[16]

오리의 다리는 학에 비하면 짧지만, 개미에 비하면 길다. 학의 다리는 오리보다 길지만, 얼룩말에 비하면 짧다. 이렇게 모든 것은 서로 비교할 때 드러나는 상대적인 차이일 뿐, 절대적인 기준은 없다. 중요한 것은 각자에게 주어진 조건이 그 존재의 삶에 알맞다는 사실이다. 오리의 다리는 물가를 헤엄치고 걷기에 적합하고, 학의 다리는 얕은 물에서 먹이를 찾기에 유리하다.

그러므로 인간의 시각에서 '짧다', '길다', '좋다', '나쁘다'고 함부로 판단해 인위적으로 바꾸려 하는 것은 어리석은 것이다. 각 생명은 저마다의 본성에 맞는 모습으로 살아가며, 그 자체로 충분한 의미를 가진다. 진정한 지혜란 다름을 존중하며 각자의 가치를 인정하는 데 있다.

우물 안 개구리와 여름벌레

편견에 사로잡힌 사람은 한쪽으로 치우친 생각 때문에 결코 자유로울 수 없다. 그는 자신이 만든 기준과 세상이 강요하는 기준에 묶여, 그 틀에 맞지 않으면 타인을 비방하거나 업신여긴다. 장자는 이를 "우물 안 개구리"로 비유한다.

> 우물 안 개구리에게
> 바다에 관한 이야기를 해줄 수 없는 것은
> 우물 안 개구리가 자신이 머무는 곳에만
> 얽매여 있기 때문이며,
> 여름벌레에게
> 얼음에 관한 이야기를 해줄 수 없는 것은
> 여름벌레가 자신이 사는 때에만
> 얽매여 있기 때문이며,
> 곡사(曲士)에게 도에 관한 이야기를
> 해줄 수 없는 것은
> 곡사들이 자기가 알고 있는 교리에
> 속박되어 있기 때문이다. [17]

장자는 말한다. 작은 지혜를 가진 자는 큰 지혜를 알지 못한다고. 여름 한낮에 잠깐 사는 하루살이에게 겨울을 설명한다 한들, 소복하게 쌓이는 흰 눈의 아름다움이나 얼음의 날카로운 차가움을 상상이나 할 수 있겠는가? 우물 안 개구리에게 바다를 이야기한다 한들, 그 거대함과 끝없음을 짐작할 수 있겠는가?

우주의 긴 시간에 견주면 인간의 삶은 하루살이처럼 짧고, 우주의 광활한 공간에 비하면 인간의 터전은 우물 안처럼 좁다. 그럼에도 불구하고 사람들은 세상 이치를 다 아는 듯 말하고, 자신의 좁은 소견을 절대적 진리인 양 믿으며 남을 판단한다.

장자가 말하는 '곡사'란 바로 이런 사람들이다. 자신이 아는 것만이 진리라고 믿고, 다른 이의 말에는 귀를 닫아버린 이들. 그들에게 참된 진리를 전하는 일은 우물 안 개구리에게 바다를 이야기하는 것과 다르지 않다. 짧은 인간의 소견으로 시비를 가르고 차별하는 데서 벗어나야 한다. 그럴 때만이 우리는 어떤 것에도 얽매이지 않는 자유로운 경지에 이를 수 있다.

    붕새가 남해로 날아갈 때 수면을 후려치니
    물보라가 삼천리나 치솟고

회오리바람처럼 휘돌아 구만리나 올라챈 뒤

여섯 달을 날아가서야 쉬게 된다.

붕새가 구만리 높이 날아오르는 것은

구만리 두께의 바람이 아래에 있기 때문이다.

이러한 뒤라야 바람에 의지하여

남녘 바다를 향해 날아갈 수 있을 것이다.

말매미와 작은 비둘기가 그를 비웃어 말한다.

"내가 훌쩍 날아 느릅나무, 박달나무로 솟구쳐 오르되

때로 그에 이르지 못하고

땅에 떨어져 버리기도 하는데

무엇 때문에 구만리 높이 올라

남녘으로 가고자 하는가?"[18]

장자의 소요유에 실린 이야기이다. 붕새는 큰 새이기 때문에 바람의 힘을 받기 위해서 구만리를 치솟아 올라가야 하는데, 말매미나 작은 비둘기는 그 특성을 모르고 비웃고 있다. 어리석고 좁은 자기들만의 소견으로 큰 뜻을 품은 자들을 비웃는 소인의 모습이라 할 수 있다.

크면 큰 대로, 작으면 작은 대로 자신의 본성에 따라 살면 되는 것이지 자신의 가치관으로 다른 이를 판단하고 평가하는 것의 어리석음을 보여주는 것이다.

🌱 절대 자유의 경지, 소요유

장자는 진정한 자유를 누리기 위해서는 무명, 무공, 무기해야 한다고 말한다.

> 자연의 본성을 타고서 온갖 기운의 변화를 거느려
> 무궁의 세계에 소요하는 사람이라면
> 다시 또 무엇에 의존하겠는가?
> 따라서 말한다.
> 지인(至人)은 무기(無己)하고,
> 신인(神人)은 무공(無功)하고,
> 성인(聖仁)은 무명(無名)이라고 한다. [19]

무명이란 이름과 명성에 얽매이지 않는 것이다. 세상 사람들의 칭찬이나 비난에 흔들리지 않고 자기 삶을 자기 방식대로 살아가는 태도다.

무공은 남에게 좋은 일을 했더라도 그것을 자랑하거나 공으로 여기지 않는 마음이다. 예를 들어, 익명으로 기부를 하고도 그 사실을 드러내지 않는 것, 혹은 가족을 위해 헌신하면서도 "내가 이렇게 했으니 당연히 감사해야 한다"고 생각하지 않는 것이 무공의 삶이다.

마지막으로, 무기는 자기중심에서 벗어나 무아와 무심의 경지에 이르는 것이다. 자신을 지나치게 내세우지 않고, 모든 생명과 사물을 동등하게 바라보는 마음이다. 마치 숲속에 들어가면 나무 한 그루, 새 한 마리, 풀 한 포기 모두가 그 자체로 소중하다고 느껴지는 것처럼 말이다.

부귀와 공명, 아름다움 등 인간 세상에서 귀하게 여기는 것들에게서 벗어나면 자신의 타고난 본성대로 자유로이 살아갈 수 있다. 장자는 인간을 구속하는 인위적인 삶에서 벗어나, 외부의 사물에 얽매이지 않고 자유롭게 살아가는 경지를 추구한다.

이를 소요유(逍遙遊)라고 한다. 소요유의 경지에 이른 사람을 지인이라고 한다.

명예의 주인공이 되지 말 것이며

꾀주머니가 되지 말 것이며,

일을 맡고 나서지 말 것이며

지식으로 사람을 주재하려고 하지 말라.

끝없이 변화하는 사물들과 완전히 한 몸이 되어

자취를 남기지 않은 채 노닌다.

하늘로부터 받은 몫을 다하되

자기 위주로 보거나 얻으려고 하지 말 것이며

역시 비울 뿐이니라.

지인(至人)이 마음을 쓰는 것은 거울과 같은지라,

따라 나가 보내지도 않고

앞으로 나가 맞이하지도 않으며

응하되 마음에 담아 두지 않는다.

그러므로 어떤 것이라도 이겨내어

상처 입지 않을 수 있다.[20]

  사람들은 흔히 명예를 얻으려 애쓰고, 지혜를 자랑하려 들며, 무언가를 맡아 앞장서려 한다. 그러나 장자는 그런 태도가 오히려 우리를 묶어 두고 자유를 앗아간다고 말한다. 명예를 좇으면 명예에 얽매이고, 지식을 내세우면 지식에 사로잡힌다. 앞장서려 하면 책임과 욕망의 무게에 눌려 자유로운 마음을 잃는다.

장자는 끝없이 변하는 만물과 하나 되어, 자취조차 남기지 않은 채 노니는 삶을 이야기한다. 하늘이 준 몫을 다하되, 그것을 내 것이라 집착하지 않고, 더 가지려 애쓰지 않는다. 그저 있는 그대로 받아들이고, 불필요한 욕심은 비워 낸다.

지인의 마음은 거울과 같다고 했다. 거울은 다가오는 것을 막지도, 다가가는 것을 끌어안지도 않는다. 있는 그대로 비추되, 그 모습을 담아 두지 않는다. 기쁨이나 슬픔, 이익이나 손해에 얽매이지 않으니, 세상의 어떤 일에도 상처 입지 않는다. 거울처럼 담되 머물지 않는 마음으로 살아갈 때, 세상과 하나 되어 자유롭게 걸을 수 있다.

꿈과 현실을 넘나들다

사물은 한순간도 멈추지 않고 끊임없이 변한다. 긴 안목으로 보면, 나와 나 아닌 것을 굳이 구분하려는 일은 사실 부질없을 수 있다. 옳고 그름, 행복과 불행, 나와 세상, 삶과 죽음

은 겉으로는 달라 보이지만, 모두 도의 흐름 속에서 일어나는 것일 뿐, 본질적으로는 나뉘지 않는다.[21]

달을 생각해 보자. 우리의 눈에는 초승달, 반달, 보름달처럼 매번 다른 모습으로 나타난다. 그러나 결국 그것은 하나의 달이 서로 다른 순간에 드러내는 모습일 뿐이다. 겉으로는 달라 보여도 본질은 변하지 않는다.

우리의 삶도 마찬가지다. SNS 속에서 웃고 있는 모습이 반드시 행복을 의미하지 않듯, 힘들어 보이는 시기에도 그 안에는 소소한 즐거움과 배움이 숨어 있다. 겨울이 오면 모든 것이 죽은 듯 보이지만, 봄이 되면 새로운 꽃이 피어나듯, 삶과 죽음조차도 도의 순환 속에서 이어지는 한 과정일 뿐이다. 겉모습에만 매달리면 우리는 진짜 본질을 놓치고 만다.

어느 날 장자가 잠이 들었는데, 꿈속에서 자신이 나비가 되어 훨훨 날고 있었다. 꽃 사이를 자유롭게 넘나들며 이곳저곳을 노니는 기분은 그야말로 황홀했다. 그러나 눈을 뜨고 보니 그는 나비가 아니라 장자였다. 꿈이 너무나 생생했기에, 문득 이런 생각이 스쳤다. '지금의 내가 장자인가, 아니면 나비가 장자가 되는 꿈을 꾸고 있는 것인가?' 이것이 바로 장자의 유명한 호접지몽(胡蝶之夢) 이야기다.

때때로 우리는 너무나 생생해서 꿈이 아닌 것 같은 꿈을 꾸기도 한다. 일어나 보니 현실의 자신이 어리둥절하게 느껴지고, 꿈에서 깨어난 것이 몹시 아쉽기도 하다. 반대로 꿈속의 고통이 너무 현실 같아, 깨어난 순간 가슴을 쓸어내리며 안도하기도 한다. 이럴 때 우리는 묻는다. '꿈과 현실, 과연 무엇이 진짜일까?'

장자는 호접지몽을 통해 우리에게 묻는다. 삶과 죽음, 꿈과 현실은 과연 다른 것일까, 아니면 같은 것의 두 얼굴일 뿐일까? 우리는 죽음을 두려워하지만, 장자는 삶과 죽음을 하나의 흐름 속에서 바라보았다. 삶이 곧 죽음으로 이어지고, 죽음은 다시 새로운 삶으로 이어지는 것 그 속에서 진짜와 가짜, 시작과 끝의 구분은 사라진다.

> 내가 어떻게 삶을 즐거워하는 것이
> 미혹이 아니라는 것을 알겠는가?
> 내가 어떻게 죽음을 싫어하는 것이
> 어려서부터 타향살이에 안주하면서
> 고향에 돌아갈 줄 모르는 사람과
> 같지 않다는 것을 알겠는가?
> 여희는 국경을 지키는 관리의 딸이었다.

진나라 사람들이 그녀를 처음 얻게 되었을 때는

흐느껴 울며 옷섶을 적시다가,

그녀가 왕궁에 이르게 되어

왕과 더불어 네모반듯한 침대를 함께 쓰고

소와 양과 돼지고기로 만든 좋은 음식을 먹게 된 뒤에야

그녀가 울었던 일을 후회하였느니라.

나는 어떻게 저들 죽은 사람이

그가 애초에 삶을 추구했던 일을

후회하지 않으리라는 것을 알리오!

꿈에 술을 마시던 사람이

아침에 깨어나서 목 놓아 울고,

꿈에 목 놓아 울던 사람이

아침에 깨어나서 사냥하듯이 즐거워하나니,

그가 꿈을 꿀 때 꿈속에서

또 그의 꿈을 해몽하다가 깨어난 뒤에야

이것이 그의 큰 꿈임을 알 것이다.

그럼에도 어리석은 사람은

스스로 깨어 있다고 생각하여

세밀히 따져서 환하게 안다고 여기며,

임금은 존귀하고 말 기르는 사람은

천하다고 하나니,

공자와 너는 모두 꿈을 꾸고 있는 것이다.

내가 너에게 꿈이라고 하는 것도 꿈이다.

이러한 말은 그들 어리석은 사람들이

듣고서 터무니없다고 여길 것이다.[22]

고향을 떠나 어린 시절부터 다른 곳에서 살아온 사람은 다시 고향으로 돌아가고 싶지 않을 수도 있다. 반대로 평생 한 곳에서만 살아온 사람은 고향을 떠나는 일이 몹시 두렵게 느껴질 수 있다. 여희 역시 처음에는 고향을 떠나는 것이 싫어 울었지만, 막상 왕궁에 들어가 살다 보니 그때 왜 그렇게 떠나기 싫어했는지 후회하게 되었다.

이처럼 우리는 알지 못하기 때문에 두려워하고, 알지 못하기 때문에 거부한다. 어쩌면 지금 우리가 사는 이 현실도 하나의 꿈일 수 있다. 꿈속에서 즐거워하고 슬퍼하고 귀하다느니 천하다느니 분별하고 있는 것일 수도 있다. 우리의 인생에서 하룻밤의 꿈은 잠깐의 순간인 것처럼, 우주의 긴 시간 속에서 인간의 삶이란 잠깐의 순간일 뿐이다. 그 짧은 순간을 영원인 듯 착각하며, 자신을 고집하고 공을 내세우며, 명예에 집착하는 것은 어리석은 사람의 모습이다.

장자는 삶과 죽음에 대해서도 이렇게 말한다. 기가 모이면 삶이 되고, 흩어지면 죽음이 되며, 흩어진 기는 다시 모여 또 다른 삶이 된다. 그러므로 삶과 죽음은 본질적으로 나뉘어 있는 것이 아니다. 결국 같은 근원에서 나와, 다시 같은 근원으로 돌아가는 것일 뿐이다.

아내가 죽었을 때
나라고 어찌 슬퍼하지 않을 수 있었겠는가?
그러나 문제의 시원을 고찰했는데,
태초에 아내는 생이 없었고,
생이 없었을 뿐더러 형체도 없었고,
형체가 없었을 뿐더러 기도 없었네.
그러다가 혼돈 가운데 섞여 있다가 변하여 기가 생겼고,
기가 변하여 형체가 생겼고,
형체가 변하여 생명이 생겼다가,
이제 다시 변하여 죽음으로 간 것인즉,
춘하추동 사계절의 운행과 같은 이치가 아니겠는가?
그 사람은 지금 우주의 대저택에서 편히 잠들어 있거늘,
나는 소리쳐 슬피 곡했으니,
스스로 자연법칙에 무식함을 선언하는 것 같아

그만둔 것이네.[23)]

아내가 죽었을 때 장자는 무척 슬퍼한다. 그래서 소리치면서 운다. 한참을 슬피 울다가 장자는 문득 깨닫는다.

삶과 죽음이란 사계절의 순환과 같은 것임을. 봄이 가면 여름이 오고, 여름이 가면 가을이 오고, 가을이 가면 겨울이 오고, 겨울이 가면 다시 봄이 오는 이치처럼 삶이 가면 죽음이 오고, 죽음이 가면 다시 삶이 온다.

아내는 우주라는 대저택에 잠시 잠들어 있다가 다시 기가 모이게 되면 새로운 삶을 살게 될 것이다. 그러니 슬퍼할 이유가 없는 것이다. 장자는 가장 애틋한 이의 죽음에까지 초연한 경지에 이른다.

그가 죽음에 다다랐을 때는 어떤 모습이었을까? 장자의 제자들은 슬픔에 잠겨 스승의 장례를 어떻게 치를지 의논했다.

그때 장자는 뜻밖의 말을 남겼다.

"나를 관에 넣어 묻지 말고 들판에 놓아두어라."

제자들이 놀라며 "어찌 스승님을 날짐승의 먹이가 되게 하십니까?" 하고 반대하자,

장자는 태연하게 말했다.

"까마귀와 독수리가 먹는 것이나, 땅에 묻어 개미와 땅강아지가 먹는 것이나 무슨 차이가 있겠느냐? 들판에 누우면 땅이 관의 바닥이 되고, 하늘이 관의 뚜껑이 되며, 해와 달과 별이 관을 장식하는 보배가 될 터인데, 이보다 더 좋은 장례가 어디 있겠는가?"

장자의 자유롭고 호방한 삶의 태도를 잘 보여주는 일화이다.

그에게 죽음은 두려움이나 슬픔의 대상이 아니라, 자연의 순환 속에 놓인 또 하나의 변화였다. 아내의 죽음 앞에서, 그리고 자신의 죽음 앞에서조차 그는 분별과 집착을 내려놓았다. 삶과 죽음의 경계마저 허물고 자연의 흐름 속에 자신을 맡긴 장자. 그는 끝까지 삶과 죽음을 가르지 않는 진정한 자유인이었다.

제3장

> **끝없는 고통,
> 어떻게 벗어날 수 있을까?**

붓다가 된 왕자, 석가모니

석가모니, 본명은 고타마 싯다르타였다. 그는 인도의 작은 나라 카필라국의 왕자로 태어났다. 태어난 지 일주일 만에 어머니를 여의고, 이모의 손에서 자라야 했다. 전해지는 이야기에는, 그의 탄생을 지켜본 한 선인이 이렇게 예언했다고 한다.

"집에 머문다면 세상을 다스릴 전륜성왕이 될 것이고, 출가한다면 세상을 깨우칠 부처가 될 것이다."

싯다르타는 성장하여 야쇼다라 공주와 결혼해 아들을 얻었지만, 화려한 왕자의 삶이 만족스럽지 않았다. 생로병사, 곧 태어남과 늙음, 병듦과 죽음이라는 삶의 근본 문제가 끊임없이 그의 마음을 짓눌렀다. 결국 스물아홉의 나이에 궁궐을 떠나, 해답을 찾는 긴 여정을 시작했다. 불교에서는 이 결단을 '출가'라 부른다.

그 길은 쉽지 않았다. 여러 스승을 찾아 배우기도 하고, 육체를 혹사하는 고행에도 몰두했지만 원하는 답은 얻지 못했다.

그러나 포기하지 않았다. 어느 날 보리수나무 아래에 앉아 조용히 명상에 들었고, 긴 사색 끝에 마침내 진리의 문을 열었다. 이 깨달음을 통해 그는 부처, 곧 '깨달은 이'가 되었다.

평온한 마음을 위한 지혜

1. 집착하지 말라

    모든 고통은 집착에서 비롯된다.
    가지려는 마음을 내려놓을 때 비로소 자유가 시작된다.

2. 균형을 지켜라

    지나친 쾌락도, 고행도 피하고, 중도를 지켜라
    균형과 조화를 찾을 때 삶의 길이 열린다.

3. 지금에 머물러라

    과거와 미래에 흔들리지 말고,
    현재를 밝게 바라볼 때 변화가 시작된다.

4. 자비를 실천하라

    나와 남이 다르지 않음을 알 때,
    고통은 줄고 세상은 따뜻해진다.

5. 지혜를 길러라

    겉모습에 집착하지 말고 본질을 보라.
    모든 것은 인연 따라 생겨나고 사라진다.

끝없는 고통, 어떻게 벗어날 수 있을까?

🌿 우리 마음 속 세 가지 독

우리의 삶은 고통으로 시작해 고통으로 끝난다.

인간은 태어나는 순간부터 이미 고통과 마주한다. 고요하고 따스한 어머니의 자궁 속에서 평온히 머물던 아기는, 갑작스레 소란스럽고 눈부신 세상에 내던져진다. 출산의 고통이 어머니에게 크듯, 아기에게는 그보다 더한 고통이 따른다. 자신의 몸보다 좁은 산도를 통과해야 하는 그 순간의 몸부림, 그리고 낯설고 차가운 세상에 맞서는 두려움은 존재의 첫 관문이다.

이렇듯 생명의 시작은 경이로움과 동시에 깊은 고통의 경험이다. 그리고 그 고통은 삶 내내 우리 곁을 떠나지 않는다.

청춘의 빛이 서서히 사라지며 늙음을 맞이할 때, 예기치 않은 병이 몸과 마음을 휘감을 때, 사랑하는 이와 이별하거나 원치 않는 만남을 피할 수 없을 때, 우리는 모두 고통을 실감한다.

태어남, 늙음, 병듦, 죽음은 누구도 피할 수 없는 고통이다.

석가모니는 삶의 본질이 고통임을 깨닫는 것, 그 사실을 똑바로 직시하는 것이 지혜의 시작이라 가르쳤다. 이것을 불교에서는 고성제(苦聖諦)라 부른다. 고통을 외면하지 않고 직시할 때, 우리는 비로소 고통을 넘어설 길을 찾을 수 있다.

고통은 단지 우리를 짓누르는 짐이 아니라, 존재를 성찰하게 하는 거울이자 깨어남으로 이끄는 문이다.

고통은 왜 생겨나는가? 석가모니는 그 근원을 집착에서 찾았다. 사람에 대한 집착, 물건에 대한 집착, 권력과 명예, 그리고 돈에 대한 집착이 우리를 고통으로 이끈다는 것이다.

갓난아기는 엄마의 품에, 어린아이는 장난감에, 청소년은 친구와 성적에, 청년은 꿈과 사랑에, 부모는 자식에게 집착한다. 석가모니는 이러한 인간의 집착을 갈애라고 말한다. 갈애는 욕망의 대상을 애타게 갈구하는 것을 의미한다.

목이 탄다고 바닷물을 먹으면 목이 더 타들어간다. 먹을수록 갈증이 심해지듯이, 작은 욕망이 충족되면 더 큰 욕망이 고개를 든다. 석가모니는 자기 자신의 생존을 위한 욕망과 성적인 욕망, 명예와 권력에 대한 욕망 등이 사람을 집착하게 만들고, 집착이 고통의 원인이 된다고 한다. 이를 깨달아 아는 것을 집성제(集聖諦)라고 한다.

집착은 마음속에 도사린 세 가지 독, 즉 삼독(三毒) 때문에 생겨난다. 삼독은 탐욕, 분노, 어리석음을 가리킨다. 불교에서는 이 세 가지 번뇌가 사람의 마음을 해치고 삶을 괴롭게 만들기 때문에 독약에 비유한다.

삼장법사가 손오공, 저팔계, 사오정이라는 세 동물과 함께 불경을 구하러 떠나는 소설 『서유기』는 마음 속 삼독을 상징적으로 보여준다.

저팔계는 탐욕을 상징한다. 그는 늘 먹을 것과 여자를 탐하며 욕망을 채우려 애쓴다.

사오정은 분노를 상징한다. 물속 요괴였던 그는 겉으로는 충직해 보이지만, 속으로는 원한과 성냄을 품은 채 살아가는 중생의 모습을 드러낸다.

손오공은 어리석음을 상징한다. 손오공은 자신이 가장 뛰어나다는 오만과 방자함에 사로잡혀 부처에게까지 대적하다 결국 오행산에 갇히고 만다. 이는 하늘 높은 줄 모르고 제 잘난 줄만 믿는 어리석음의 상징이라 할 수 있다.

이처럼 『서유기』 속 캐릭터들은 우리 마음속에 자리 잡은 삼독의 그림자를 상징한다. 석가모니는 이 삼독이 사라질 때 고통의 원천도 사라지고, 열반의 평화에 도달할 수 있다고 가르쳤다.

물건에 대한 탐욕, 사람에 대한 탐욕은 우리를 집착하게 만들고 결국 고통 속으로 빠뜨린다. 탐욕은 끝없이 소유의 대상을 갈구하며, 그 갈증에는 끝이 없다. 물건에 대한 욕망은 우리를 소유 지향적인 삶으로 이끌고, 만족은 언제나 다음 소유의 순간으로 미뤄진다.

어떤 사람들은 욕망의 한계를 알고 멈출 줄 알지만, 많은 이들은 그 끝을 알지 못한다. 얼마나 가져야 만족할 수 있을까? 옥스팜은 "세계 최고 부자 80명이 가난한 사람 50%(약 35억 명)가 가진 것과 거의 비슷한 재산을 갖고 있다"는 자료를 제시한다. 그리고 "지금도 전 세계 10억 명 이상은 하루 1.25달러 이하로 생활한다"고 부연한다.[24]

욕망은 단지 물질에 국한되지 않는다. 인정 욕망은 현대 사회에서 더욱 강력하게 작동한다. 우리는 살아가는 동안 끊임없이 타인의 시선을 의식한다. 명품 가방이나 고급 자동차를 소유하는 것이 단순히 편리함이나 실용성을 위한 선택이 아닌 경우가 많다. 오히려 그것을 통해 '나도 이만큼의 소비를 할 능력이 있는 사람'이라는 메시지를 전하고, 그로써 타인에게 인정받고 싶어 한다. 소비가 필요의 충족을 넘어 타인의 인정을 얻는 수단이 될 때, 만족은 오래가지 않는다. 잠시의 부러움과 칭찬은 곧 더 큰 과시로 이어지고, 끝없는 갈증 속에 우리는 또 다른 소비를 반복한다.

이런 인정 욕망은 가족이나 인간관계 속에서도 작동한다. 부모는 자녀가 칭찬받을 만한 성취를 이루기를 바라며, 그 성취를 통해 스스로도 사회적 인정을 얻고자 한다. 자녀 역시 부모에게서 "참 잘했다, 자랑스럽다"라는 말을 듣기 위해 끊임없이 애쓰지만, 그 기대는 때로 버거운 짐이 되기도 한다.

분노란 화가 치밀어 오르는 감정이다. 화를 내는 것은 잘못된 것일까? 분노는 희로애락이라는 인간의 대표적인 감정 중 하나로, 누구에게나 자연스럽게 일어난다. 우리는 잘못된 일을 보면 화가 나고, 억울한 상황을 당하면 분노하며, 원하는 것을 얻지 못할 때도 화가 난다.

분노는 양면성을 지닌다. 부당한 일을 보고 분노하여 그것을 바로잡고자 할 때, 분노는 정의를 실현하는 힘이 되기도 한다. 그러나 감정을 다스리지 못하면 이야기는 달라진다. 통제되지 않는 분노는 나 자신을 해치고, 나와 관계를 맺는 이들에게도 깊은 상처를 남긴다.

사소한 일에도 쉽게 흥분해 다툼이 벌어지고, 독과 같은 말을 퍼붓거나, 심지어 분을 이기지 못해 타인의 생명까지 위협하는 사건이 잇따르고 있다. 이는 고삐 풀린 말을 타고 있는 것과 같은 위태로운 상황이다. 분노를 조절하지 못하면 결국 나와 내 주변 사람들의 삶이 돌이킬 수 없을 만큼 망가질 수 있다.

탐욕과 분노에 사로잡혀 집착하는 근본적인 원인은 무엇일까? 붓다는 어리석음 때문이라고 한다.

무지는 우리의 눈을 가려 삶의 실상을 보지 못하게 한다. 그래서 우리는 마치 영원히 살 것처럼 착각하며 더 많은 것을 소유하려 하고, 뜻대로 되지 않을 때 분노한다. 그 결과 스스로 괴로움의 끝없는 반복 속에 빠져든다.

불교에서는 이 끝없는 괴로움의 반복을 윤회라고 한다. 윤회는 단순히 죽음과 환생의 순환만을 뜻하는 것이 아니다. 욕망과 분노, 무지에 얽매인 채 같은 잘못과 고통을 되풀이하는 삶의 모습 자체를 가리킨다. 결국 무지를 깨뜨리지 않는 한, 인간은 윤회의 굴레에서 벗어날 수 없다.

내 마음속에도 손오공, 저팔계, 사오정이 살고 있다. 삼장법사가 이들을 동행으로 삼아 서역으로 향했듯, 우리 또한 욕망·분노·어리석음이라는 삼독을 삶의 동반자로 안고 살아간다. 중요한 것은 이들을 부정하거나 몰아내려 애쓰는 것이 아니다. 그들의 실체를 똑바로 바라보고 인식하는 일이다.

욕망이 일어날 때, 분노가 치밀 때, 어리석음이 드러날 때, 그 사실을 있는 그대로 알아차리는 순간, 그 감정들은 더 이상 나를 지배하지 못한다. 오히려 나를 성찰하게 만드는 거울이 된다. 삼독을 다스려 갈 때, 내 안의 삼장법사는 점차 지혜와 자비를 갖추어 삶의 길을 비추는 안내자가 된다.

그때 비로소 나의 여정은 고통의 굴레가 아니라, 성장과 해탈로 나아가는 길이 된다.

집착을 내려놓는 법

고통의 원인을 알았다면 이제는 그에 맞는 처방이 필요하다. 석가모니는 그 처방의 방법으로 삼학(三學)을 제시했다. 삼학은 계·정·혜로 마음속의 세 가지 독을 치유하는 처방전이다.

계(戒)는 탐욕을 다스리는 길이다. 계율을 지켜 몸과 마음을 바르게 하고, 올바른 습관을 길러 탐심의 불길을 차분히 가라앉힌다.

정(定)은 분노를 다스리는 길이다. 산란한 마음을 고요히 모아 깊은 집중에 들고, 그 안에서 흔들림 없는 평온을 얻는다.

혜(慧)는 어리석음을 다스리는 길이다. 사물의 실상을 있는 그대로 바라보며, 중도의 길을 걸을 수 있는 지혜를 기른다.

이처럼 삼학은 삼독을 뿌리째 치유하여, 고통에서 벗어나 평화로운 삶으로 나아가게 하는 가장 확실한 처방이다.

흥미롭게도 저팔계, 사오정, 손오공의 이름 속에는 삼독과 함께 삼학의 가르침이 동시에 담겨 있다.

저팔계(豬八戒)의 '계(戒)'는 탐욕을 다스리는 계율을 뜻한다. 계율은 단지 종교적인 규칙이나 금지 조항이 아니다. 그것은 스스로 삶을 조율하며, 바른 길을 선택하는 내면의 힘이다. 하고 싶은 것도, 갖고 싶은 것도 넘쳐나는 현대 사회에서 절제는 생존을 위한 지혜가 된다.

마트에서 계획에 없던 물건을 집어 들었다가 내려놓는 일, 밤늦은 시간 출출함을 이겨내며 따뜻한 물 한 잔으로 속을 달래는 일, 필요 이상의 소비를 줄이기 위해 스스로 한 발 물러서는 태도가 바로 절제다. 이런 작은 절제의 습관이 탐욕을 줄이고, 삶을 보다 균형 있고 단단하게 만들어 준다.

사오정(沙悟淨)의 '정(淨)'은 산란한 마음을 가라앉히는 평정심[定]을 뜻한다. 정은 단순히 고요히 앉아 있는 상태가 아니라, 혼란스러운 세상 속에서도 중심을 잃지 않는 힘이다. 바쁘게 흘러가는 일상에서 정은 우리 삶에 반드시 필요한 쉼표다.

아침에 창문을 열고 신선한 공기를 들이마시며 호흡을 가다듬는 일, 점심시간에 잠시 눈을 감고 감사한 일을 떠올리는 일, 퇴근 후 집 근처 공원을 천천히 걸으며 하루의 긴장을 풀어내는 태도가 바로 정이다. 이런 작은 실천은 마음을 차분하게 만들고, 쓸데없는 분노와 불안을 가라앉힌다.

정의 습관을 지닌 사람은 인간관계에서도 여유와 따뜻함을 잃지 않는다. 마음이 고요해야 타인의 말에 귀 기울일 수 있고, 순간의 감정에 휘둘리지 않고 현명한 선택을 할 수 있다. 결국 정은 우리 삶을 더 평화롭고 안정되게 만들어 준다.

손오공(孫悟空)의 '공(空)'은 사물의 실상을 바로 보는 혜(慧)를 뜻한다. 혜는 세상을 있는 그대로 꿰뚫어 보는 지혜이며, 삶의 중심을 잃지 않게 하는 나침반이다. 자극적인 정보가 범람하는 오늘날, 혜는 더욱 절실하다.

직함이나 재산보다 한 사람의 진심과 성품을 살펴보는 일, 여행에서 인증사진보다 함께 나눈 웃음을 더 소중히 여기는 일, 유행에 휩쓸리지 않고 나에게 꼭 맞는 것을 선택하는 태도가 바로 혜다. 이러한 지혜로운 시선은 비교와 허영심에서 벗어나게 하고, 진짜 행복이 무엇인지 깨닫게 한다.

혜를 실천하는 사람은 흔들림 없는 중심을 가진다. 세상의 소란 속에서도 본질을 잃지 않고, 타인의 눈길보다 자신의 삶의 의미를 더 귀하게 여긴다. 결국 혜는 우리를 어리석음에서 구하고, 삶을 더욱 깊고 충만하게 만들어 준다.

마음을 괴롭히는 삼독이 소멸하면 집착이 사라지고, 집착이 사라지면 고통 또한 함께 사라진다. 이 상태를 불교에서는 열반(涅槃)이라 부른다. 열반에 이르면 마음속의 탐욕도, 분노도, 어리석음도 모두 사라져 더 이상 어떤 것에도 집착하지 않게 된다.

그러므로 열반의 경지를 일컬어 멸성제(滅聖諦)라 한다. 이는 고통의 불길이 꺼지고, 마음이 청정하고 평온해지는 상태를 뜻한다.

석가모니의 가르침 중 연소라는 제목의 유명한 설법이 있다.

"비구들이여, 일체는 타느니라.

비구들이여, 일체가 탄다는 것은 무슨 말인가?

비구들이여 눈이 탄다.

눈의 대상이 탄다. 눈이 닿는 곳 일체가 탄다.

무엇에 의해 타는 것이랴.

탐욕의 불에 의해 타고, 노여움의 불에 의해 타고,

어리석음의 불에 의해 타고,

노, 사에 의해 타고

우, 비, 고, 뇌, 절망에 의해 탄다고 나는 말하고 싶다.

비구들이여, 귀가 탄다.

귀의 대상이 탄다. 귀가 접하는 곳 일체가 탄다.

무엇에 의해 타는 것이랴.

탐욕의 불에 의해 타고, 노여움의 불에 의해 타고,

어리석음의 불에 의해 타고,

노, 사에 의해 타고

우, 비, 고, 뇌, 절망에 의해 탄다고 나는 말하고 싶다."[25]

석가모니는 다시 코에 대해서, 혀에 대해서, 몸에 대해서, 마음에 대해서도 같은 말을 한 다음, 속히 이런 상태에서 떠나 다시는 타는 일이 없는 경지에 이르러야 한다고 설한다.

석가모니는 욕망의 격정을 설명할 때 불꽃을 비유로 사용했다. 가르침의 궁극적 목표를 이미지로 표현한다면, 결국 이 불꽃을 끄는 것이다. '열반'이라는 말 자체가 욕망의 불꽃이 꺼진 뒤 드러나는 청량하고 안온한 경지를 뜻한다.[26]

욕망의 불길을 완전히 끌 때, 인간은 지극히 평온하고 완전히 자유로운 마음의 상태에 도달한다. 그 경지에 이르면 탐욕도, 분노도, 어리석음도 완전히 사라져 더 이상 우리를 태울 불꽃이 남아 있지 않다. 이것이 바로 열반이다.[27]

쾌락과 고행 사이에서 균형 잡기

열반은 저절로 주어지지 않는다. 그 길에 이르기 위해서는 반드시 수행이 필요하다. 석가모니는 이 수행의 방법을 중도라 하였다. 중도란 지나친 쾌락도, 지나친 고행도 아닌, 균형 잡힌 길이다.

석가모니는 제자 소나에게 말한다.

"거문고를 뜯는 데조차
줄이 적절하게 죄어 있지 않으면
아름다운 소리를 낼 수 없지 않으냐.
이 도의 실천도 역시 마찬가지이니라.
욕망에 사로잡히는 것이나,
자진해서 고행에 열중하는 것이나,

어느 것도 적당하지 못하다.
너무 괴로움을 겪으면 마음이 평정할 수 없으며,
지나치게 긴장을 풀면 또한 게을러진다.
소나여, 너는 중(中)을 취해야 하느니라"[28]

석가모니는 지나친 고행은 마음의 평온을 깨뜨리고, 지나친 쾌락은 게으름을 불러오기 때문에 두 극단 모두 수행의 방법으로 적절하지 못하다고 가르쳤다. 중도란 바로 이 두 극단을 피하고 가장 알맞은 상태를 유지하는 것이다.

이는 마치 악기의 줄을 맞추는 것과 같다. 줄이 지나치게 팽팽하면 끊어지고, 지나치게 느슨하면 소리가 나지 않는다. 욕망을 지나치게 억누르거나, 반대로 욕망을 제멋대로 좇는 것 모두 올바른 마음 수행에 도움이 되지 않는다. 중도의 길은 균형과 조화를 통해 마음의 평온을 지켜내는 길이다.

이 가르침은 오늘날 우리의 일상에도 깊이 적용된다. 예를 들어, 친구 관계에서 중도를 지키려면 두 가지 균형이 필요하다.

첫째, 솔직함과 배려의 균형이다. 친구에게 지나치게 솔직하면 상처를 주기 쉽고, 반대로 지나치게 배려만 하면 진심을 숨기게 된다. 중도의 태도는 해야 할 말을 하면서도 상대의 마음을 헤아리는 것이다. 친구의 잘못을 지적할 때 비난이 아닌 조언으로 전하고, 상대가 힘들어할 때는 판단보다 공감을 먼저 건네는 것이 그 예다.

둘째, 함께함과 독립성의 균형이다. 늘 붙어 다니며 모든 것을 공유하면 서로에게 피로감이 쌓이고, 반대로 거리를 두면 친밀감이 약해진다. 중도의 길은 함께할 때는 진심으로 즐기되, 각자의 시간을 존중하는 것이다. 친구가 혼자만의 시간을 원할 때 이를 이해해 주고, 내가 바쁠 때는 솔직하게 전하는 태도는 관계를 오래 지속하게 한다.

결국 중도란 지나침과 부족함의 양 극단에서 벗어나, 적절한 균형을 통해 평온을 지켜내는 길이다. 이 길 위에서만 진정한 자유와 평화가 가능하다.

> 비구들이여, 출가자는 양극단을 가까이해서는 안 된다.
> 어떤 것이 그 양극단인가?
> 감각적 욕망 때문에 쾌락과 즐거움을 탐닉하는 것,
> 이는 저열하고 세속적이고 범부나 하는 짓이고
> 고귀하지 못하고 이롭지 못하다.
> 또 고행에 전심하는 것, 이는 고통스럽고
> 고귀하지 못하고 이롭지 못하다.
> 비구들이여, 여래는 이들 양극단을 멀리함으로써

중도를 완전하게 깨달았다.

이 중도는 눈을 밝히고 앎을 밝히는 것이어서

고요로, 수승한 지혜로

깨달음으로, 열반으로 이끈다.[29]

석가모니는 욕망 자체를 부정하지 않았다. 다만 욕망을 무조건 억누르는 대신, 알맞게 잘 조절하는 것이 중요하다고 말한다. 욕망의 조절은 누구나 수행을 통해 이룰 수 있는 일이다.[30] 쾌락과 고행의 양극단을 떠나 가장 알맞은 상태에서 수행할 때 중도의 바른 실천이 가능하다. 중도의 중(中)은 바른 상태이므로 정(正)이라고 할 수 있다. 그 정의 상태를 8가지로 구분한 것이 팔정도이다.[31]

팔정도는 일상생활에서 실천해야 할 중도의 구체적 방법인 것이다. 바른 견해(正見), 바른 생각(正思), 바른 말(正語), 바른 행동(正業), 바른 생활(正命), 바른 노력(正精進), 바른 관찰(正念), 바른 명상(正定)이 바로 팔정도이다.

팔정도는 계정혜(戒定慧)라는 세 가지 공부 즉 삼학으로 분류할 수 있다. 정어, 정업, 정명은 계율에, 정정진, 정념, 정정은 선정에, 정견, 정사는 지혜에 속한다.

말과 행동을 바르게 하고, 산란한 마음을 다스리며, 세상을 있는 그대로 보는 지혜를 기를 때 우리는 탐욕과 분노, 어리석음에서 벗어나게 된다. 그리고 그 길 끝에서 마음을 태우던 욕망의 불꽃이 꺼지고, 청정하고 자유로운 열반의 평온에 이른다.

인연으로 맺어진 존재

석가모니는 태어남이 있기에 늙음도, 병듦도, 죽음도 따라온다고 말했다. 내가 지금 숨 쉬고 살아 있는 것은 부모님이 생명을 주셨기 때문이다. 부모님의 만남이 없었다면 나는 세상에 존재하지 못했을 것이다. 그리고 그분들 역시 그들의 부모님 덕분에 이 땅에 있을 수 있었다. 이렇듯 존재란 언제나 수많은 인연과 조건이 모여 이루어진 결과다.

영화 아바타에 등장하는 영혼의 나무를 떠올려 보자. 그 나무는 단순한 한 그루의 나무가 아니다. 뿌리와 줄기, 가지와 잎이 서로 연결되어 있을 뿐 아니라, 나비족과 그들의 조상, 그리고 모든 생명의 숨결까지 품고 있다. 나비족은 영혼의 나무에 자신을 연결함으로써 조상들의 기억과 지혜를 나누고, 자신이 결코 혼자가 아님을 깨닫는다.

우리 삶 또한 이와 다르지 않다. 나라는 존재는 홀로 선 것이 아니라, 이미 수많은 뿌리와 가지가 얽혀 만들어 낸 하나의 결실이다. 그 사실을 떠올릴 때, 우리는 서로에게 더 따뜻하고 감사한 마음을 가질 수 있다.

> 비유하면 세 개의 갈대가
> 아무것도 없는 땅 위에 서려고 할 때
> 서로 의지해야 설 수 있는 것과 같다.
> 만일 그 가운데 한 개를 제거해 버리면
> 두 개의 갈대는 서지 못하고,
> 그 가운데 두 개의 갈대를 제거해 버리면
> 나머지 한 개도 역시 서지 못한다.
> 그 세 개의 갈대는 서로 의지해야
> 설 수 있는 것이다.[32]

연기란 "조건과 원인에 의한 발생", 혹은 "말미암아 일어남"을 뜻한다. 한마디로 말해, 세상에 홀로 생겨나는 것은 아무것도 없다는 것이다. 어떤 존재든 반드시 그럴 만한 원인과 조건이 모여야 생겨날 수 있고, 그 조건이 사라지면 결국 그 존재 또한 소멸한다.

석가모니는 연기의 이치를 이렇게 표현한다.

"이것이 있으므로 저것이 있고, 이것이 생김으로 저것이 생긴다. 이것이 없으므로 저것이 없고, 이것이 멸함으로 저것이 멸한다."

이 가르침을 곱씹어 보면, 독립적으로 존재하는 것은 세상에 아무것도 없다는 사실을 알 수 있다. 나라는 존재 역시 그렇다. 내 몸은 부모로부터 물려받았고, 내 감정은 타인과의 관계 속에서 자라난다. 내가 기억하는 생각, 어떤 행동을 하려는 의지, 그 모든 것을 주관하는 마음까지도 서로 기대어 존재한다. 결국 '나'라는 존재는 수많은 인연이 얽혀 빚어낸, 관계적 결과물인 셈이다.

불교는 세상의 모든 존재가 서로 연결되어 있음을 인드라망으로 비유한다. 인드라망은 인드라의 그물이라는 뜻이다. 끝없이 펼쳐진 하늘에 커다란 그물이 걸려 있는데, 그물의 매듭마다 투명한 유리구슬이 달려 있다. 놀라운 것은 그 구슬 하나하나에 다른 모든 구슬의 모습이 비친다는 점이다.

우리는 바로 그 구슬과 같다. 나는 너에게, 너는 나에게 빛을 비추며 서로의 존재를 만들어 간다. 내가 하는 말과 행동,

내가 가진 감정은 타인에게 전해지고, 다시 그 영향이 나에게 돌아온다. 이처럼 연기의 이치를 자각한 사람은 나와 타인을 별개의 존재로 보지 않는다. 우리는 서로 기대고 의지하는 관계적 존재임을 깨닫게 된다.

오늘날 우리는 매일 인드라망 속에 살고 있다. 전쟁으로 고통받는 난민의 사진 한 장에 가슴이 아프고, 지구 반대편에서 일어난 자연재해 소식에 기부를 결심한다. SNS에서 낯선 이가 올린 우울한 글을 보고 위로의 댓글을 달며, 때로는 그 따뜻한 한마디에 그 사람의 하루가 달라지기도 한다. 내 작은 행동과 마음이 보이지 않는 실처럼 얽히고설켜 수많은 삶을 움직이는 것이다.

이 깨달음에서 피어나는 마음이 바로 자비다. 자비의 '비(悲)'는 '신음'을 뜻한다. 누군가의 신음을 듣고 "아, 그도 역시 나와 같은 인간으로서 괴로움을 짊어지고 있구나"라고 공감하는 것, 이것이 자비의 정신이다. 그 공감은 한 사람에게서 멈추지 않고, 살아 있는 모든 생명으로 번져 나간다.[33]

자비는 서로의 신음을 듣고 함께 아파하며 내 손길이 닿을 수 있는 곳에서 작은 빛을 내는 것이다. '작은 다정들' 그것이야말로 인드라망 속에서 서로를 살리는 가장 확실한 길이다.

연기의 이치는 인간의 마음속에서 일어나는 고통의 문제를 넘어, 세상의 모든 생성과 소멸에 두루 적용된다.

예컨대 한 송이 꽃을 떠올려 보자. 꽃이 피기 위해서는 햇빛과 물, 토양과 바람이 모두 필요하다. 어느 하나라도 빠지면 꽃은 존재할 수 없다. 그리고 그 꽃이 시들면 다시 흙이 되어 다른 생명의 거름이 된다. 이렇게 피고 지는 과정 속에서 생명은 이어지고, 사라짐은 또 다른 생성을 낳는다. 인간의 삶 또한 다르지 않다. 나의 오늘은 수많은 인연과 조건의 만남 위에 서 있고, 내가 떠난 자리 역시 또 다른 생명을 길러내는 씨앗이 된다. 이렇듯 우리의 모든 행위와 선택은 보이지 않는 그물망처럼 얽혀 서로에게 영향을 주고받는다.

석가모니가 쿠시나가라의 숲에 이르렀을 때, 심한 식중독에 걸렸다. 제자들은 석가모니의 운명이 가까웠음을 알고 눈물을 흘렸다. 석가모니는 말하였다.

> 비구들이여, 참으로 이제 그대들에게 당부하노니,
> 형성된 것들은 소멸하기 마련인 법이다.
> 방일하지 말고 해야할 바를 모두 성취하라.[34]

이것이 석가모니의 마지막 유훈이었다.

그의 목소리에는 한 생을 바쳐 깨달은 진리와 제자들을 향한 깊은 연민이 담겨 있었다. 석가모니는 기적 같은 힘을 약속하지 않았다. 대신 우리 각자 안에 있는 빛을 찾으라고 했다. 세상이 흔들릴 때 의지할 곳은 멀리 있지 않다. 남이 아닌 바로 자기 자신, 그리고 변치 않는 진리인 법이다.

스스로를 등불 삼아 게으르지 않고 꾸준히 수행할 때, 마음을 태우던 탐욕과 분노, 어리석음은 서서히 사라진다. 그 길 끝에서 우리는 마침내 고통의 굴레를 벗어나 자유와 평온한 삶을 맞이하게 된다.

2부

사람다움의 지혜

제4장

> **사람답게 산다는 건 무엇일까?**

길 위의 선생, 공자

공자는 세 살에 아버지를 잃고, 홀어머니의 손에서 자랐다. 어린 시절 그는 밭을 매고, 소와 양을 돌보며, 남의 곡식과 사료를 지키는 등 온갖 궂은일을 해야 했다.

어려운 환경 속에서도 공자는 배우고자 하는 열의가 남달랐다. 그는 열다섯 살 무렵부터 본격적으로 학문에 전념했고, 서른 살에 이르러서는 학문과 인품으로 널리 이름을 떨치게 되었다.

공자가 관직에 나선 것은 오십이 넘어서였다. 노나라에서 사법과 치안을 맡게 되자 나라가 크게 안정되었고, 길에 버려진 물건조차 함부로 줍는 이가 없을 만큼 태평한 세상이 되었다고 한다. 그러나 그가 섬기던 군주 노정공은 안락만을 좇는 무능한 사람이었다.

결국 공자는 번민과 무거운 마음을 안고 쉰다섯 살에 제자들과 함께 노나라를 떠나, 무려 14년간 각국을 떠도는 나그네 길에 올랐다. 그 여정은 고난의 연속이었다. 굶어 죽을 위기에 처하기도 했고, 의지할 데 없는 신세라 하여 사람들에게 '상갓집의 개'라 불리기도 했다. 그 길에서 공자는 온갖 고초를 겪었으나 결국 아무런 수확도 얻지 못했다. 공자는 다시 노나라로 돌아와 교육에 매진했다. 그는 집안이나 등급과 관계없이 학생을 뽑았고, 제자가 3,000여 명에 이르렀다.[35]

고난 극복을 위한 지혜

1. **배움으로 돌파하라**
   좌절 앞에서도 배우기를 멈추지 않는다.
   배움은 삶을 새롭게 여는 힘이다.

2. **가르침으로 이어가라**
   정치에서 뜻을 펼치지 못해도 제자를 가르치며 도를 전한다.
   나눔이 곧 극복의 길이다.

3. **스스로를 단단히 하라**
   세상이 알아주지 않아도 군자는 홀로 도를 지킨다.
   내면의 수양이 가장 큰 버팀목이다.

4. **관계를 지혜롭게 맺어라**
   사람과 어울림 속에서 갈등은 피할 수 없다.
   예(禮)와 신뢰로 관계를 지키는 것이 고난을 덜어낸다.

5. **한계를 받아들여라**
   실패와 좌절을 부끄러워하지 않는다.
   알지 못함을 인정할 때 더 큰 배움이 열린다.

사람답게 산다는 건 무엇일까?

진심을 다해 사랑하라

 공자는 사람을 사랑하는 마음을 인(仁)이라 불렀다. 인의 마음이 있을 때 비로소 사람은 사람답게 살 수 있다. 그렇다면 인은 어디에서 비롯되는가? 바로 가정에서부터 시작된다.
 어린아이는 부모의 품 안에서 세상을 배운다. 배고프면 젖을 물려주고, 울면 달래주며, 넘어지면 다시 일으켜 세워주는 부모의 손길 속에서 아이는 말로 표현할 수 없는 안정감을 느낀다. 이 경험은 자신이 사랑받는 존재라는 확신으로 이어진다.
 사랑받는 경험은 곧 보답하고 싶은 마음을 낳는다. 부모가 자신을 위해 애쓰는 모습을 바라보며 아이의 마음속에서 자연스럽게 감사와 보답의 정이 싹튼다. 이것이 효도의 씨앗이다. 효도란 억지로 가르치거나 강요해서 생기는 덕목이 아니라, 받은 사랑이 쌓여 자라난 결과인 것이다.

형제자매와의 관계도 마찬가지다. 함께 자라며 웃고 다투는 모든 순간 속에는 부모의 사랑이 배경처럼 깔려 있다. 부모가 나를 귀하게 여겨주었기에, 같은 사랑을 받는 형제를 향해서도 애정이 번져 나간다. 이 과정에서 형제를 믿고 아끼는 마음, 곧 우애가 형성된다.

공자는 바로 이러한 과정을 사람다움의 뿌리로 보았다. 부모를 향한 효도와 형제를 향한 우애는 단순한 가정 내의 도덕이 아니라, 더 큰 사랑으로 확장될 수 있는 출발점이다. 내 부모를 존중하는 마음은 다른 이의 부모를 공경하는 태도로 이어지고, 내 형제를 아끼는 마음은 타인을 향한 신뢰와 배려로 확장된다.

사랑은 가까운 곳에서 시작해 점차 멀리까지 퍼져나간다. 이는 마치 고요한 물 위에 던진 작은 돌멩이가 동심원을 그리며 파동을 퍼뜨리는 것과 같다. 한 사람의 마음속에서 시작된 사랑은 가족과 이웃을 거쳐 세상 곳곳으로 번져간다.

공자는 인을 실천하는 길로 '충서'의 덕을 제시했다. 충은 자기 자신을 속이지 않는 진실한 마음이고, 서는 나의 마음을 기준으로 다른 사람의 마음을 헤아리는 것이다.

충(忠)은 '가운데 중(中)'과 '마음 심(心)'이 합쳐진 글자로, 마음의 중심을 지킨다는 뜻을 담고 있다. 곧 진심을 다하는 마음, 흔들림 없는 성실함을 의미한다. 진심을 다하는 마음이란 무엇일까? 공자는 그것을 안으로는 자신을 속이지 않고, 밖으로는 다른 사람을 속이지 않는 것이라 했다. 공자는 진심이 없는 말로 귀를 즐겁게 하고, 겉모습만 그럴듯하게 꾸미는 태도를 경계했다. 진심이 없는 상태에서 이익을 좇아 거짓을 말하는 사람은, 결국 충을 잃은 사람이라는 것이다.

그렇다면 어떻게 해야 진실한 마음을 지킬 수 있을까? 먼저 자기 마음의 소리에 귀를 기울여야 한다. 하고 싶지 않은데도 다른 이의 인정을 얻기 위해 억지로 행동한다면, 그것은 남을 속이는 것이자 스스로를 속이는 일이다. 공자는 이러한 태도는 진실함과 거리가 먼 것이라 지적했다.

옛날에 '미생고'라는 사람이 있었다. 어느 날 누군가가 그의 집에 식초를 빌리러 찾아왔다. 그러나 집에는 식초가 없었다. 그때 미생고는 이웃집에서 식초를 빌려와, 마치 원래 가지고 있던 것처럼 건네주었다.

겉으로 보면 참으로 친절하고 인심 좋은 행동처럼 보인다. 하지만 공자는 이렇게 말했다.

"누가 미생고를 정직하다고 했는가? 어떤 사람이 식초를 얻으러 오자, 그는 이웃집에서 빌려다 주기까지 했다."

공자가 비판한 것은 단순히 '식초를 내어준 행위'가 아니라, 그 속에 숨은 마음의 동기였다. 미생고는 다른 사람에게는 친절했을지 몰라도, 정작 자기 자신에게는 솔직하지 못했다. 가진 것이 없으면서도 없다는 것을 드러내지 못하고, 좋은 사람으로 보이려는 욕심에 무리하게 행동한 것이다.

어린 시절부터 '착하다'는 칭찬을 받고 자란 아이들은 종종 타인의 기대에 맞추려고 애를 쓴다. 하고 싶지 않아도 거절하지 못하여 수락하고, 힘들어도 괜찮다고 말하며, 스스로의 마음보다 남의 시선을 더 중시한다. 겉으로는 늘 친절하고 성실한 사람으로 보이지만, 그의 내면은 점점 지쳐가고 공허함을 느끼게 된다.

이것은 미생고가 식초를 빌려다 주던 모습과 다르지 않다. 남들에게 '좋은 사람'으로 보이기 위해, 자기 마음에는 솔직하지 못한 것이다. 없는 것은 없다 말할 수 있어야 하고, 하기 싫은 일은 거절할 수 있어야 한다. 그것이 자신의 마음을 배반하지 않고, 진정성 있게 행동하는 것이다.

공자가 강조한 진실함이란 바로 여기에 있다. 겉으로 드러나는 행동보다 먼저, 자기 마음에 솔직해지는 것. 그것이 진정한 정직이며, 사람다운 삶의 시작이다.

서(恕)는 '같을 여(如)'와 '마음 심(心)'이 합쳐진 글자다. 사람의 마음은 다르면서도 닮아 있다. 내가 싫어하는 일은 남도 싫어하고, 내가 좋아하는 일은 남도 좋아한다. 그래서 먼저 자기 마음을 돌아보고, 그 마음을 바탕으로 다른 사람의 마음을 이해하는 것, 그것이 바로 '서'다

목이 마를 때 누군가 건네주는 물 한 잔이 고맙듯, 마감에 쫓길 때 동료가 기꺼이 도와주는 마음은 큰 위로가 된다. 친구가 내 생일을 기억해줄 때의 기쁨은, 곧 내가 누군가의 중요한 날을 챙겨야 하는 이유가 된다.

디지털 공간에서도 서의 정신이 필요하다. 내가 올린 사진에 악성 댓글이 달리면 마음이 아프듯, 남의 게시물에도 함부로 상처되는 말을 남겨서는 안 된다. 단체 채팅방에서 내가 무시당하면 서운하듯, 누군가의 메시지를 고의로 외면해서는 안 된다.

내가 느끼는 기쁨과 불편함을 다른 사람의 입장에 비추어 생각하고, 그에 맞게 행동할 때 비로소 신뢰와 존중이 싹튼

다. 이것이 곧 공자가 말한 인(仁)을 실천하는 길이며, 사람다움으로 향하는 가장 단순하면서도 깊은 지혜다.

공자는 이렇게 말했다.

"인이란 내가 서고자 할 때 남부터 서게 하고, 내가 뜻을 이루고자 할 때 남부터 뜻을 이루게 하는 것이다. 가까이 있는 내 마음을 미루어 남을 이해할 수 있다면, 그것이 바로 인의 실천이다." 인은 언제나 내 마음 가까이에 있다. 내가 기뻐하는 일이라면 남도 기뻐할 것이고, 내가 아파하는 일이라면 남도 아파할 것이라는 단순한 자각. 바로 그 깨달음을 바탕으로 남을 헤아릴 때, 인은 일상의 삶 속에서 빛을 발한다.

사랑은 표현으로 완성된다

공자는 마을 사람 모두가 미워하는 사람도, 모두가 좋아하는 사람도 인(仁)한 사람이 아니라고 했다. 인의 덕을 갖춘 사람은 선한 사람들에게는 사랑받지만, 선하지 않은 사람들에게는 미움을 받기 때문이다.

예를 들어, 직장에서 부정한 거래나 불합리한 관행을 지적하면, 성실한 동료들은 존경과 지지를 보내지만, 그로 인해 이익이 줄어든 사람들은 불편해하고 미워할 수 있다.

학교에서도 마찬가지다. 친구를 괴롭히는 행동을 멈추라고 말하면, 피해자는 고마워하지만, 가해자와 그 무리에게는 미운 사람이 될 수 있다.

바른말과 바른 행동은 누군가의 기득권을 흔들고, 숨기고 싶은 잘못을 드러나게 만들 수 있다. 그래서 인의 덕을 가진 사람은 종종 소인들의 미움을 받기 마련이다.

그렇기에 모든 사람에게 사랑받으려 애쓸 필요는 없다.

모두에게 사랑받기 위해서는 '마음으로는 옳지 않다고 생각하지만, 관계를 위해 억지로 하는 일'이 많아질 수 있다. 그 순간 우리는 스스로를 속이고, 마음속에 거짓을 심는다. 그렇게 되면 인의 마음에서 멀어지고, 진실 없이 겉치레만 남게 된다.

공자는 특히 '교언영색(巧言令色)'을 경계했다. 이는 남의 환심을 사기 위해 교묘하게 말을 꾸미고 표정을 다듬는 것을 뜻한다. 오늘날로 치면, 진심 없는 립서비스나, 겉으로만 친근한 척하는 '가짜 친절'이다. 공자는 이렇게 꾸민 말과 표정 뒤에는 숨은 의도가 숨어 있기에, 그 마음이 결코 솔직하고 어질 수 없다고 보았다.

결국 인이란, 모든 사람에게 잘 보이는 것이 아니라 진실함을 잃지 않는 것이다. 진실한 마음은 때로는 불편함을 주지만, 그 불편함이야말로 관계를 바로 세우고, 사람을 사람답게 만드는 힘이다.

공자는 우리가 다른 사람을 사랑할 때, 그 진실한 마음인 인(仁)을 드러내는 방식이 바로 예(禮)라고 보았다.

마음속의 애정과 감사가 아무리 커도, 표현하지 않으면 그 진심은 상대에게 전해지기 어렵다. 공자는 참된 마음(仁)이 형식(禮)을 압도하면 투박해지고, 형식이 참된 마음을 압도하면 겉치레만 번지르르해진다고 했다. 바탕과 형식, 즉 인과 예가 균형을 이룰 때에만 비로소 사람다운 품격이 완성된다.

예는 단순히 격식을 차리는 행동이 아니라, 인간의 행위규범 전반을 뜻한다. 그래서 공자는 제자를 가르칠 때 지식만 전한 것이 아니라, 예를 통해 삶의 태도와 행동을 단속했다.[36]

그에게 군자란 단순히 예절을 지키는 사람이 아니라, 진실한 마음을 담아 예를 행하는 사람이었다. 참된 마음이 알맞은 예를 통해 표현될 때, 그 마음은 비로소 상대에게 온전히 전해진다. 진심 없는 예는 껍데기에 불과하고, 예 없는 진심은 길을 잃는다.

가족이 늦게 귀가했을 때 "걱정했어"라고 말하는 것, 직장에서 동료가 도움을 주었을 때 "고마워요"라고 짧게라도 전하는 것, 오랜만에 연락한 친구에게 "잘 지냈어?"라고 먼저 안부를 묻는 것 이것이 사랑이라는 바탕에 예라는 형식을 입히는 일이다.

욕망을 절제하고 사회의 제도와 규범에 맞게 행동하는 사람, 바로 그런 이가 군자이며, 인과 예를 갖춘 사람이다. 공자는 자신의 이기적인 욕망을 이겨내고 예를 실천하는 것을 극기복례(克己復禮)라 불렀다.

공자는 인간의 욕망 자체를 부정하지 않았다. 누구나 인정받고 싶은 욕망, 사랑하는 사람과 함께하고 싶은 욕망, 부자가 되고 싶은 욕망, 이름을 떨치고 싶은 욕망을 품고 살아간다. 문제는 이 욕망을 절제하지 못할 때 일어난다.

예를 들어 보자. 지금 당장 쉬고 싶지만 부모님이 심부름을 시킨다면 어떻게 해야 할까? 누군가가 돈을 주며 자녀를 좋은 자리에 취직시켜 달라고 청탁한다면? 더 높은 자리를 약속하며 부당한 일을 눈감아 달라고 한다면?

이런 순간에 욕망에 휩쓸리지 않고, 부모님의 말씀을 따르며, 부당한 청탁을 거절하고, 정의롭지 않은 요구에 "안 된다"고 말할 수 있어야 한다. 바로 이때 극기복례의 힘이 드러난다.

자신의 욕망을 절제하고 예를 따라 행동하는 것, 그것이 곧 인을 완성하는 길이다. 그런 사람이야말로 사람다운 사람이라고 할 수 있다.

군자와 소인의 갈림길

공자는 군자를 인간이 지향해야 할 이상적인 모습으로 보았다. 군자는 사람을 진심으로 사랑할 줄 알고, 그 마음을 예에 맞게 드러낼 줄 아는 사람이다.

공자는 군자의 삶을 '늘 생각해야 할 아홉 가지 마음가짐'으로 설명했다. 이는 단순한 행동 지침이 아니라, 사람다움의 품격을 가꾸는 훈련이자 마음의 습관이다.

"군자에게는 항상 생각하는 것이 아홉 가지가 있다.
볼 때는 밝게 볼 것을 생각하고,
들을 때에는 똑똑하게 들을 것을 생각하며,
얼굴빛은 온화하게 할 것을 생각하고,
몸가짐은 공손하게 할 것을 생각하며,
말을 할 때는 진실하게 할 것을 생각하고,

일을 할 때는 공경스럽게 할 것을 생각하며,

의심이 날 때는 물어볼 것을 생각하고,

화가 날 때는 뒤에 겪을 어려움을 생각하며,

이득 될 것을 보았을 때는 그것이 의로운 것인가를

생각한다."37)

이 아홉 가지는 삶의 매 순간을 어떻게 대해야 할지를 구체적으로 보여준다. 군자란, 자신을 다스리는 데 신중하고, 남을 대하는 데 따뜻하며, 무엇보다도 옳음을 기준 삼는 사람이라고 할 수 있다.

군자는 모든 사람을 사랑하는 사람일까? 공자는 그렇지 않다고 말한다. 군자는 남을 좋아할 수도 있고, 남을 미워할 수도 있는 사람이다.

자공이 여쭈었다. "군자도 미워하는 게 있습니까?"

공자께서 말씀하셨다.

"미워하는 게 있지.

남의 나쁜 점을 떠들어대는 것을 미워하고,

낮은 지위에 있으면서 윗사람을 헐뜯는 것을 미워하며,

용기만 있고 예의가 없는 것을 미워하고,

과감하기만 하고 꽉 막힌 것을 미워한다."

"사야, 너도 미워하는 게 있느냐?"

"남의 생각을 도둑질해서 유식한 체하는 것을 미워하고, 불손한 것을 용감하다고 여기는 것을 미워하며, 남의 비밀을 들추어내면서 정직하다고 여기는 것을 미워합니다."[38]

군자는 모든 이를 무조건 포용하는 사람이 아니다. 군자가 미워한 것은 특정한 사람이라기보다는 도리에 어긋나는 왜곡된 태도였다.

남을 흉보면서 정의로운 척하는 태도, 무례함을 용기라 착각하는 태도, 고집을 성실함이라 포장하는 태도는 겉으로는 그럴듯해 보일지 모르지만, 실상은 사람다움을 해치는 것이다. 이런 모습과 거리를 둘 때 비로소 군자의 길은 온전히 지켜진다.

군자와 대비되는 인간상이 소인이다. 공자는 군자와 소인의 몇 가지 행동방식을 비교해 말한다.

군자는 의리에 밝고 늘 덕을 생각한다. 예컨대 직장에서 군자는 개인의 이익보다 전체의 공정을 먼저 살핀다. 성과를 나눌 때에도 자신의 몫을 챙기기에 급급하지 않고, 모두가 정당하게 평가받을 수 있도록 배려한다. 반면 소인은 눈앞의 이익에 밝다. 편한 자리, 유리한 조건만 찾으며, 조직보다는 자기 안위를 우선한다.

또 군자는 여러 사람과 함께 조화를 이루되, 무리 지어 당파를 만들지 않는다. 그는 의견이 달라도 상대를 포용하며 큰 틀 안에서 화합을 도모한다. 하지만 소인은 다르다. 자기와 생각이 비슷한 이들만 모아 파벌을 형성하고, 결국 공동체 전체의 조화를 해친다. 군자는 바른 길을 따르기에 흔들림이 적지만, 소인은 이익과 당파에 얽매여 늘 불안하다. 그래서 공자는 말했다. 군자는 마음이 평온하고 너그럽지만, 소인은 늘 근심 속에 산다고.

군자는 의와 덕을 좇아 마음이 넓어지고 평온해지지만, 소인은 이익에 집착해 점점 좁아지고 불안해진다. 공자는 "사람다움의 길은 군자의 삶 속에 있다"는 사실을 일깨운다.

이름에 걸맞게 행동하라

공자가 살았던 춘추전국시대는 무질서하고 혼란한 시대였다. 그는 이러한 혼란을 극복하기 위해서는 이름을 바르게 세우는 일부터 해야 한다고 말한다.

이름을 바르게 세우는 것을 정명(正名)이라고 한다. 정명은 각 개인이 자신이 맡은 역할의 이름에 걸맞게 행동하는 것이다.

공자는 이것을 "임금이 임금답고, 신하는 신하답고, 아버지는 아버지답고, 자식은 자식답게 되는 것이다."라고 표현했다.

부모다운 부모는 어떤 부모일까? 자식을 학대하거나, 무관심하거나, 자신의 대리 만족을 위한 대상으로 보는 부모는 그냥 부모일 수는 있지만, 부모라는 이름에 걸맞은 부모는 아니다. 부모라는 이름에 걸맞기 위해서는 자식의 몸과 마음을 돌보고 바른길로 인도해주고, 믿어주고, 사랑해주어야 할 것이다. 그럴 때 부모라는 이름을 바르게 세우는 부모가 될 수 있다.

임금다운 임금은 어떤 임금일까? 공자는 덕으로 인도하고 예로 다스려야 임금다운 임금이라고 한다.

인과 예로 다스릴 때, 임금은 비로소 임금이라는 이름에 걸맞다. 정치하는 사람이 올바르면 백성은 명령을 내리지 않아도 스스로 따른다. 그러나 통치자가 올바르지 않다면, 아무리 명령을 내려도 백성은 마음으로 따르지 않는다. 정치의 근본은 강제력이 아니라, 도덕과 예의에 뿌리를 둔 지도자의 품격에 있다. 공자는 이를 덕치(德治)라고 한다.

> 계강자가 공자에게 정치에 대해서 물었다.
> "만일 무도한 자를 죽여서
> 올바른 도리로 나아가게 한다면 어떻겠습니까?"
> 공자께서 대답하셨다.
> "선생께서는 정치를 하는데
> 어찌 죽이는 방법을 쓰시겠습니까?
> 선생께서 선해지고자 하면
> 백성들도 선해지는 것입니다.
> 군자의 덕은 바람이고
> 소인의 덕은 풀입니다.
> 풀 위에 바람이 불면,
> 풀은 반드시 눕기 마련입니다."[39]

우리는 훌륭한 인격을 지닌 사람을 보면 그 사람의 말과 행동에서 풍기는 품격에 매료되어 자발적으로 따르게 된다. 그것이 도덕적 권위의 힘이다. 백성들은 통치자의 덕에 감화되어 자연스레 따르게 되고, 지키지 못했을 때는 스스로 부끄러워하며 잘못을 바로잡는다.

공자는 국가에서 가장 중요한 것은 법이나 제도 이전에 국민의 신뢰라고 보았다. 신뢰가 사라지면 법은 형식만 남고, 정책은 무력해진다. 정치인의 비도덕적 행위는 국민들로 하여금 법과 제도를 불신하게 만들고, 불신이 쌓이면 법을 지키지 않게 된다. 더 나아가 지키지 않아도 부끄럽지 않게 된다. 그렇게 사회는 신뢰를 잃고 무질서에 빠져들게 된다.

국민의 신뢰를 얻는 것, 그것이 정치의 출발이자 국가 존립의 근본이다. 지도자가 먼저 덕과 예를 실천할 때, 백성은 자연스럽게 따르고, 나라는 안정된다. 이것이 공자가 말한 정치의 길이다.

공자는 먼저 자기 자신을 닦아 덕을 기른 뒤, 그 힘으로 세상을 이롭게 해야 한다고 강조했다. 이것이 바로 수기안인(修己安人)이다. 이 말은 학문과 인격을 개인의 완성에만 머물게 하지 말고, 반드시 사회 속에서 실천하라는 요청이기도 하다.

수기안인의 덕목은 일상에서도 구체적으로 드러난다. 직장에서 자신의 전문성을 끊임없이 연마해 동료를 돕는 일, 가정에서 자기 절제를 통해 가족의 평안을 지켜내는 일 모두가 그 범주에 속한다. 즉, 자기 수양과 사회적 책임은 서로 분리된 과제가 아니라, 한 사람의 삶을 지탱하는 두 기둥과 같다. 자신을 바로 세우는 힘이 있을 때 비로소 타인을 편안히 할 수 있고, 타인을 돌보는 과정에서 다시 자신의 수양도 깊어진다.

공자의 제자들은 이러한 가르침을 삶으로 증명했다. 그들은 스승의 뜻을 따라 각국의 정치에 참여하거나 학문을 전파하며 사회를 바로잡는 데 헌신했다. 그 결과 춘추시대의 혼란 속에서도 새로운 질서와 학문의 기틀이 다져졌고, 그 영향은 오늘날까지도 교육과 정치, 사회의 근본 정신으로 이어지고 있다.

제5장

> 착함은 타고나는 것일까,
> 길러지는 것일까?

불굴의 이상주의자, 맹자

맹자의 성은 맹(孟)이요 이름은 가(軻)이다. 맹자는 어려서 아버지를 여의고 홀어머니 밑에서 곤궁하게 자라났다. 가난한 환경에서도 맹자의 어머니는 자식 교육에 열의를 갖고 있었다.

맹모삼천지교는 맹자의 어머니가 맹자의 교육을 위해 이사를 세 번이나 다녔다는 일화에서 비롯된 말이다. 맹자가 어머니와 처음 살았던 곳은 공동묘지였다. 장례를 치르는 놀이를 하는 맹자의 모습을 본 어머니는 이사를 결심한다. 다음으로 이사한 곳은 시장이었다. 맹자는 물건을 사고파는 놀이를 하였다. 어머니는 다시 서당 근처로 이사하였다. 맹자는 글 읽는 놀이를 하였다. 어머니는 그제야 안심이 되었고 아들과 함께 그곳에서 살았다.

어느 날 공부를 하러 떠난 맹자가 소식도 없이 집에 왔다. 어머니는 공부가 어느 정도 되었는지 물었고 맹자는 아직 마치지 못하였다고 했다. 그러자 어머니는 짜던 베틀의 날실을 끊으며 "중도에 공부를 그만두는 것은 짜고 있는 날실을 끊는 것과 같다"고 꾸짖었다.

맹자는 이 가르침에 크게 깨닫고 다시 학업에 정진하여 마침내 공자에 버금가는 유학자가 되었다.

존경받는 리더의 지혜

1. 잠재력을 믿고 키워라

누구 안에나 선한 본성과 가능성이 숨어 있다. 그 잠재력을 믿어주고 키워줄 때, 사람은 스스로 빛난다.

2. 가치와 원칙으로 리드하라

힘으로 끌고 가지 말라. 공정함과 신뢰, 그리고 도덕 같은 원칙이야말로 사람을 움직이는 진짜 힘이다.

3. 내면의 당당함을 길러라

외부 압력이나 당장의 성과에 흔들리지 말라. 이익이 아닌 의로움을 지키는 당당한 마음이야말로 리더의 힘이다.

착함은 타고나는 것일까, 길러지는 것일까?

🌱 마음 속 네 가지 씨앗

착함과 나쁨을 구별하는 능력은 언제부터 생길까?

심리학자들은 이 질문에 답하기 위해 한 가지 기발한 실험을 고안했다. 생후 6개월에 접어든 아기 12명에게 동그라미, 세모, 네모가 등장하는 짧은 영상을 보여주었다.

동그라미는 가파른 언덕을 오르려고 애쓰고 있었다. 그때 세모가 나타나 동그라미가 정상에 오르도록 힘껏 밀어주었다. 동그라미는 마침내 정상에 올랐다.

이 번에는 네모가 나타난다. 네모는 언덕을 오르려고 애쓰는 동그라미를 오르지 못하게 방해했다.

영상을 보여준 후 아기들에게 세모와 네모 중 하나를 선택하게 했다. 결과는 놀라웠다. 12명의 아기들 모두가 세모를 집어 든 것이다. 아직 말도 못 하고 글도 읽지 못하며 사회 규범조차 모르는 시기임에도, 아기들은 도움을 주는 존재를 더 선호했다.

맹자가 말한 성선설, 곧 "인간은 본래 선하다"는 주장이 이 기발한 실험 속에서 빛난다. 어쩌면 우리는 태어날 때부터 서로를 돕는 일을 좋아하고, 방해하는 것을 자연스럽게 멀리하도록 설정된 존재인지도 모른다.

맹자는 혼란과 전쟁이 끊이지 않던 전국시대에 살았다. 그럼에도 그는 모든 사람이 본래 착한 마음을 지니고 태어난다고 주장한다. 맹자는 무엇을 근거로 인간의 '선함'을 확신했을까?

맹자는 인간의 마음속에 네 가지 선한 씨앗이 있다고 보았다. 그것은 바로 측은지심, 수오지심, 사양지심, 시비지심이다.

측은지심은 불쌍한 사람을 보면 그냥 지나치지 못하는 마음이다. 출근길 지하철 계단에서 유모차를 힘겹게 드는 이를 도와주거나, 지진 피해 소식을 듣고 자발적으로 성금을 보내는 마음이 이에 해당한다.

수오지심은 자신의 잘못을 부끄러워하고 남의 잘못을 미워할 줄 아는 마음이다. 잘못한 일에 죄책감을 느끼거나, 부당한 일을 보고 분노하는 마음이 그 예다.

사양지심은 다른 사람을 공경하고 배려하는 마음이다. 버스에서 노약자에게 자리를 양보하거나, 회의에서 자신의 의견만을 고집하기 보다, "이 부분은 다른 분 의견도 듣고 싶습니다"라고 말하는 모습이 이에 속한다.

시비지심은 옳고 그름을 가려내려는 마음이다. 진리를 추구하고 가짜뉴스를 비판하며 바로잡으려는 태도가 여기에 해당한다.

맹자는 측은지심은 인(仁), 수오지심은 의(義), 사양지심은 예(禮), 시비지심은 지(智)의 단서가 된다고 설명했다.

> 맹자께서 말씀하셨다.
> "사람들은 모두 남에게 차마 못 하는 마음[不忍之心]이 있다.
> 선왕(先王)께서는 남에게 차마 못 하는 마음을 가지시고
> 곧 남에게 차마 못 하는 정치를 하셨다.
> 남에게 차마 못 하는 마음을 가지고
> 남에게 차마 못 하는 정치를 하면,
> 천하를 다스리는 것은 손바닥 위에 놓고

움직이는 것처럼 쉬울 것이다.

사람들은 모두 남에게 차마 못 하는 마음이 있다고 말하는 근거는 이러하다.

지금 어떤 사람이 갑자기 어린아이가 우물로 들어가려는 것을 보면, 누구나 깜짝 놀라고 측은해하는 마음이 드니, 이렇게 하는 것은 어린아이의 부모와 교분(交分)을 맺기 위해서도 아니며, 그렇게 함으로써 고을 사람들과 친구들에게 칭찬을 듣기 위해서도 아니며, 그런 어린아이를 구하지 않았을 경우에 듣게 될 비난을 싫어해서 그런 것도 아니다.

이로 말미암아 본다면 측은해하는 마음인 측은지심(惻隱之心)이 없으면 사람이 아니며, 자신의 악을 부끄러워하고 남의 악을 미워하는 마음인 수오지심(羞惡之心)이 없으면 사람이 아니며, 사양하는 마음인 사양지심(辭讓之心)이 없으면 사람이 아니며, 옳고 그름을 가리는 마음인 시비지심(是非之心)이 없으면 사람이 아니다.[40]

사람마다 마음의 결은 다르다. 누군가는 불쌍한 이를 보면 그냥 지나치지 못한다. 상처받은 사람을 위로해 주고, 힘든 친구 곁을 묵묵히 지키는 마음. 이는 측은지심이 깊은 사람이다. 또 어떤 이는 잘못을 보면 참지 못한다. 부당한 일을 목격하면 바로잡기 위해 행동하고, 자신의 실수 앞에서는 부끄러워한다. 이는 수오지심이 강한 사람이다.

다른 사람을 먼저 생각하는 사람도 있다. 맛있는 음식을 먼저 권하고, 다른 사람이 말하려 하면 말을 멈추고 기다리는 마음, 이것이 사양지심이다. 그리고 토론에서 감정이 아닌 논리와 증거로 주장을 펼치고, 거짓된 정보를 그냥 두지 않고 바로잡아 진실을 알리는 사람, 그는 시비지심이 강한 사람이다.

맹자가 말한 네 가지 마음, 사단은 누구에게나 있지만, 어떤 마음이 더 크게 자라는지는 사람마다 다르다. 중요한 것은 하나만 지나치게 키우지 않는 일이다. 측은지심만 강하면 쉽게 지치고, 수오지심만 강하면 관계가 날카로워질 수 있다. 사양지심이 지나치면 자기 몫을 잃고, 시비지심만 앞서면 세상을 흑백으로 볼 위험이 있다. 마음은 정원과 같다. 꽃과 나무가 골고루 자라야 풍성하듯, 네 가지 마음이 균형 있게 자랄 때 우리는 지혜롭고 따뜻한 사람이 된다.

🌱 마음의 정원 가꾸기

　이쯤에서 우리는 맹자에게 묻고 싶어진다. 누구나 네 가지 착한 마음의 씨앗을 가지고 태어난다면, 왜 세상에는 악행을 일삼는 사람이 있는가?

　맹자는 사람은 태어날 때 착한 마음과 함께 욕망을 가지고 태어난다고 말한다. 선한 마음을 '씨앗'에, 욕망을 '잡초'에 비유할 수 있다. 씨앗과 잡초는 같은 흙 위에 자라지만, 성질과 역할은 전혀 다르다. 씨앗은 잘 가꾸면 꽃을 피우고 열매를 맺지만, 잡초는 그 자리를 차지하며 씨앗이 자랄 공간과 양분을 빼앗는다.

　욕망도 이와 같다. 적당한 욕망은 삶에 활력을 주고 원하는 것을 이룰 수 있도록 노력하게 만든다. 그러나 방치하면 잡초가 무성해지듯, 욕망도 통제하지 않으면 점점 커져 마음속을 가득 메우게 된다.

　처음에는 작고 별것 아니었던 '조금 더 가지고 싶다'는 마음이, 시간이 지나면 '남보다 더 가져야 한다'는 경쟁심으로 바뀌고, 마침내는 다른 사람을 해치거나 속이면서까지 자신의 욕구를 채우려는 집착이 될 수 있다.

잡초가 무성하면 햇볕도, 물도, 양분도 씨앗에 닿지 않는다. 마찬가지로 욕망이 지나치면 측은지심·수오지심·사양지심·시비지심 같은 착한 마음이 자랄 틈이 사라진다. 결국 씨앗을 잘 자라게 하려면 잡초를 뽑아야 하듯, 마음의 선함을 지키려면 욕망을 다스려야 한다.

맹자가 말한 '수양'은 바로 이 과정이다. 욕망을 완전히 없애는 것이 아니라, 잡초가 씨앗을 덮어버리지 않도록 제 때 뽑아내고, 씨앗이 자랄 수 있는 환경을 만드는 일이다.

맹자는 착한 마음의 씨앗, 곧 사단을 잘 보존하고 키운다면 불길이 활활 타오르고 샘물이 끊임없이 솟아나듯, 마침내 온 세상을 돌볼 수 있는 사람이 될 수 있다고 했다. 그러나 이 씨앗을 돌보지 않고 방치하면, 자신의 부모나 처자식조차 돌볼 힘이 없어질 수 있다고 경고했다.

맹자는 사람이라면 누구나 선한 기운을 매일 호흡하며 살아간다고 보았다. 그런데도 어떤 이가 다른 사람과 전혀 닮지 않고, 마치 짐승처럼 변해버렸다면, 그것은 그의 이기적인 욕망이 본성을 망쳐버렸기 때문이라고 했다. 맹자는 이 모습을 산과 양에 비유했다. 산에 새싹이 자랄 틈도 없이 양들이 계속 뜯어먹는다면, 그 산은 금세 황폐해지고 볼품없어질 것이다. 그런 산은 누구도 가고 싶어 하지 않는다. 여기서 새싹은 사단이고, 끊임없이 새싹을 갉아먹는 양은 지나친 욕망이다. 욕망이 사단을 가려서 보이지 않게 만든 것이지, 사단이 본래부터 없었던 것은 아니라는 것이 맹자의 생각이다.

착한 마음은 종종 아주 작은 순간에 피어난다. 길에서 모금함을 들고 있는 사람을 보며 '나도 조금 보태야겠다'는 생각이 스칠 때, 친구와 다툰 뒤 먼저 연락하고 싶은 마음이 일어날 때, 지하철에서 노약자를 보고 자리에서 일어나야겠다고 느낄 때, 부당한 상황을 마주하고 "이건 옳지 않다"는 생각이 들 때. 이 마음들이 바로 맹자가 말한 '사단'의 새싹이다.

하지만 이런 새싹은 자라기도 전에 쉽게 덮일 수 있다. 사고 싶은 물건이 떠오르면 나눔의 마음은 뒤로 밀리고, 자존심이 먼저 솟구치면 사과의 마음은 자취를 감춘다. 피곤하다는 이유로 배려의 마음이 눌리고, 손해를 볼까 두려워 정의감이 사라진다. 이렇게 욕망과 자기중심적인 생각이 더 빨리 자라면, 새싹은 빛을 보기도 전에 사라져 버린다.

결국 착한 마음을 지킨다는 것은 순간적으로 올라오는 새싹을 덮어버리는 잡초와 양을 잘 다스리는 일이다. 모금함 앞에서 잠시 멈추고, 서운한 마음보다 먼저 손을 내밀며, 피곤해도 자리를 양보하고, 옳지 않은 일 앞에서 목소리를 내는 것. 이런 작은 선택들이 모여, 마음의 산을 푸르게 만든다.

하루하루 의를 쌓아라

맹자는 사단 중에서도 특히 인과 의를 강조한다. 그는 인은 사람의 마음, 의는 사람이 걸어야 할 길이라고 했다. 그런데 사람들은 의로운 길을 버리고도 아쉬워하지 않고, 인의 마음을 잃어버리고도 찾을 생각조차 하지 않는다. 맹자는 닭이나 개를 잃으면 온 동네를 뒤지며 찾으면서도, 정작 자기 안의 본래 마음을 잃었을 때는 전혀 찾지 않는다며 안타까워 한다.

맹자가 말한 '마음을 찾는 일'은, 잃어버린 인과 의를 다시 내 안에서 깨우는 일이다.

우물에 빠지려는 아이를 보면 누구나 가엾게 여겨 구해주려 할 것이다. 그 마음은 아이의 부모에게서 보상을 받으려는 것도, 다른 사람들에게 좋은 평판을 얻으려는 것도 아니다. 단지 불쌍해서 도와주고 싶은 마음, 도와주지 않고는 견딜 수 없는 마음에서 비롯된다. 이것이 바로 측은지심이며, 여기에서 인의 덕이 자라난다.

맹자는 의로움이란 자신이 잘못된 행동을 했을 때 부끄러워하고 이를 반성하여 바로잡으려는 것이라고 한다. 때때로 우리는 하지 말아야 할 행동을 하거나 하지 말아야 할 말을 했을 때 뒤늦게 후회하는 경우가 있다. 그리고 이때 자신의 잘

못으로 얼굴이 화끈거린다. 부끄러움을 안다는 것은 의로운 마음에서 비롯된다. 잘못하고도 부끄러워하지 않는 것이야말로 참으로 부끄러운 일이다. 인간의 길에서 벗어나는 것이다.

의로움은 다른 사람의 잘못을 미워하는 마음이기도 하다. 인간으로서 결코 저질러서는 안 될 잔악무도한 행동을 하는 사람을 우리는 본능적으로 미워하게 된다.

"어떻게 사람이 저럴 수 있는가?" 하며 나도 모르게 분노가 치밀어 오른다.

무고한 민간인을 학살하고도 죄책감 없이 살아가는 사람들, 꽃다운 소녀들을 전쟁터로 끌고 가 비참한 삶으로 내몰고도 전혀 반성하지 않는 사람들, 잔혹한 범죄를 저지르고도 아무렇지 않게 여기는 사람들….

그런 모습을 볼 때 우리는 화가 나고, 미워하며, 그들이 잘못을 뉘우치기를 바란다. 또한 그 잘못에 합당한 처벌을 받기를 원한다. 잘못에 대한 처벌이 없거나 미흡할 때, 우리는 반드시 바로잡을 것을 요구한다. 바로 이때 '정의'가 비롯되는 것이다.

맹자는 인과 의를 두루 갖춘 사람을 '대장부'라 한다. 대장부는 호연지기를 품은 사람이다. 호연지기란 "지극히 크고 굳센 도덕적 기개"를 뜻한다. 이 기개를 지닌 대장부는 "천하의 넓은 저택인 인(仁)에 거하고, 천하의 바른 자리인 예(禮)에 서며, 천하의 큰길인 의(義)를 걷는" 사람이다. 그는 부귀에도 흔들리지 않고, 권세에도 굴하지 않으며, 무력에도 두려워하지 않는다.

어려운 환경 속에서도 바른길이라 믿는 길을 꿋꿋이 걸어간 사람들이 있다. 일본의 탄압에 굴하지 않고 생명을 걸고 독립운동을 했던 이들, 군부독재에 맞서 민주주의를 위해 피를 흘린 이들, 권력자의 폭주를 막기 위해 목숨을 내놓은 이들 모두가 맹자가 말한 호연지기를 키워낸 대장부였다.

맹자는 호연지기가 하루아침에 길러지는 것이 아니라고 했다. 조급해하지 않고, 서두르지 않으며, 중도에 그만두지 않고, 오랫동안 의로운 행동을 실천하다 보면 마음속에 부족함이 사라지고, 마침내 온 천지를 가득 채울 만큼 넓고 굳센 기개, 곧 호연지기에 이른다고 했다. 끝없이 의를 쌓아나가야 비로소 호연지기가 자라난다.

호연지기를 기르는 일은 일상생활에서 의를 실천하는 데서 출발한다. 동료가 부당한 대우를 받을 때 침묵하지 않고 문제를 제기하는 것, 학교에서 따돌림 당하는 학생을 지키기 위해 나서는 것, 모두가 눈을 감는 순간에도 정의로운 선택을 하는 것이 바로 의를 쌓아가는 것이다.

이러한 의로운 행동들이 쌓이면 마음속의 '의'가 단단해지고, 그것이 어느 순간 호연지기로 변한다. 마치 매일 한 줌씩 쌓은 흙이 마침내 산이 되는 것처럼, 의로운 선택들이 모여 어떤 유혹이나 위협에도 흔들리지 않는 도덕적 기개를 만든다.

맹자는 의를 쌓는 것을 집의(集義)라 불렀다. 집의를 통해 호연지기가 확충되면 대장부가 되는 것이다.

곳간이 차야 인심이 난다

배가 고프고 삶이 막막하면 사람들은 생존을 위해 어쩔 수 없이 범죄에 손을 대기도 한다. 산속으로 숨어들어 도적이 되는 것도 그들의 본성이 악해서가 아니라 하루하루 살아내기가 힘들기 때문이다. 고단하고 비참한 현실 속에서 예의와 도덕만을 강조하는 것은 공허한 일이다. 먼저 배를 채워주고 삶을 안정시켜야만 비로소 사람다운 마음과 행동이 가능하다.

맹자는 바로 이 점을 강조하며, 왕도정치를 실현하려면 무엇보다 백성이 굶지 않고 살 수 있는 기반을 마련해야 한다고 주장했다. 그는 배가 불러야 마음이 평온해지고, 평온한 마음에서 비로소 선함이 자라난다고 믿었다.

"일정한 생업[恒産]이 없으면서도 떳떳한 마음[恒心]을 간직하는 것은 오직 선비만이 그럴 수 있습니다. 일반 백성의 경우에는 일정한 생업이 없으면 떳떳한 마음도 따라서 없어집니다. 만일 떳떳한 마음이 없어지게 되면 방탕하고 사치한 짓을 하지 않음이 없을 것이니, 백성이 죄에 빠지기를 기다린 뒤에 좇아가서 그들을 벌준다면 이는 백성을 그물질하는 것입니다. 어찌 인인(仁人)이 임금의 자리에 있으면서 백성을 그물질하는 짓을 할 수 있겠습니까?

그러므로 현명한 군주는 백성의 생업을 제정해주되, 반드시 위로는 부모를 충분히 섬길 수 있고 아래로는 처자식을 충분히 기를 수 있어서, 풍년에는 1년 내내 배부르고 흉년에는 죽음을 면할 수 있게 해줍니다. 그런 뒤에야 백성들을 몰아서 선(善)으로 나아가게 하므로 백성들이 따르기가 쉬운 것입니다.

그런데 지금에는 백성의 생업을 제정해주되, 위로는 부모를 섬길 수 없고 아래로는 처자식을 기를 수 없어서, 풍년에는 1년 내내 고생하고 흉년에는 죽음을 면치 못하게 합니다. 만약 이와 같다면 오직 죽음을 모면하기에도 부족할까 두려운데, 어느 겨를에 예의를 차리겠습니까?

왕께서 왕도정치를 행하고자 하신다면 어찌하여 그 근본으로 돌아가지 않으십니까?

5묘(畝)의 집 주변에 뽕나무를 심게 한다면 50세 된 자가 비단옷을 입을 수 있으며, 닭과 큰 돼지를 기르되 새끼 칠 때를 놓치지 않게 한다면 70세 된 자가 고기를 먹을 수 있으며, 100묘의 토지를 경작함에 농사철을 빼앗지 않는다면 여덟 식구인 집이 굶주리지 않을 수 있으며, 학교의 가르침을 신중히 행하여 효제의 의리로써 거듭 가르친다면 머리가 희끗희끗한 늙은이가 길에서 짐을 지거나 이지 않을 것입니다. 70세 된 노인이 비단옷을 입고 고기를 먹으며 백성이 굶주리거나 춥지 않게 하고서도 왕도정치를 행하지 못하는 자는 있지 않습니다."[41]

우리가 흔히 '마음가짐'만을 강조할 때 간과하기 쉬운 것이 있다. 바로 그 마음을 지탱해 줄 최소한의 생활 기반이다. 맹자는 이를 항산(恒産)과 항심(恒心)이라 부르며, 일정한 생업이 있어야 떳떳한 마음을 지킬 수 있다고 말했다.

선비처럼 스스로를 엄격히 다스리는 사람은 가난 속에서도 도덕심을 유지할 수 있겠지만, 대부분의 사람에게는 생계가 곧 도덕의 버팀목이다. 하루하루 먹고살기 힘든데 어떻게 예절과 도리를 지킬 여유가 있겠는가.

그래서 현명한 지도자는 무엇보다 백성의 생계를 안정시키는 데 힘썼다. 부모를 봉양하고 자녀를 기를 수 있도록, 풍년에는 넉넉하고 흉년에도 굶지 않을 만큼의 기반을 마련해 주었다. 그래야만 사람들이 마음의 여유를 가지고 선(善)을 향해 나아갈 수 있기 때문이다.

이 사상은 오늘날의 복지정책과도 연결된다. 최저생계비 보장, 안정된 일자리, 주거와 의료 지원은 현대판 '항산'이라 할 수 있다. 그러나 문제는 여전히 많은 이들이 불안정한 일자리와 치솟는 주거비 속에서 '항산'을 갖지 못한 채 살아간다는 점이다. 사회가 그들에게 높은 도덕성을 요구하는 것은, 생존의 벼랑 끝에 선 이들에게 사치에 가까운 일일지도 모른다.

도덕은 오직 의지로만 길러지지 않는다. 따뜻한 밥 한 끼, 겨울을 견딜 난방, 병들었을 때 의지할 병원, 아이들을 안심하고 키울 수 있는 집, 이런 최소한의 토대 위에서야 비로소 마음이 숨을 고르고 제자리를 지킬 수 있다.

오늘날 우리가 지켜야 할 항산과 항심이란 바로 이런 삶의 기반을 보장하고, 그 위에 사람다운 마음을 키워가는 일이다.

덕은 세상을 바꾼다

국가에서 가장 귀한 존재는 백성이다. 따라서 권력자는 백성의 신뢰와 지지를 얻을 때만 권력을 유지할 수 있으며, 백성을 억압하고 고통스럽게 하는 자는 덕을 잃은 사람에 불과하다. 그러므로 폭군을 몰아내는 일은 반역이 아니라 오히려 정의를 세우는 길이다.

> 백성이 가장 귀중하고,
> 사직(社稷)이 그 다음이고,
> 임금은 가벼운 존재이다.
> 그러므로 백성의 마음을 얻으면 천자가 되고,
> 천자에게 신임을 얻으면 제후가 되고,
> 제후에게 신임을 얻으면 대부가 된다.
> 제후가 사직을 위태롭게 하면
> 제후를 바꾸어버린다.[42]

임금은 백성의 마음을 얻어야 비로소 임금이 되는 것이다. 만일 임금이 민심을 얻지 못하면 더 이상 임금이 아니다. 백성의 마음을 얻지 못하고, 백성을 핍박하는 임금은 일개 사내에 불과하게 된다. 이 일개 사내에 불과한 이를 임금의 자리에서 내쫓는 것은 당연한 일이다. 이러한 맹자의 사상을 민본주의 혁명사상이라고 한다.

제나라 선왕이 물었다.
"탕왕께서 폭군 걸왕을 추방하시고,
무왕께서 폭군 주왕을 정벌하셨다고 하니,
그러한 사실이 있습니까?"
맹자께서 대답하셨다.
"옛 책에 있습니다."
제나라 선왕이 물었다.
"신하가 그 임금을 시해해도 됩니까?"
맹자께서 대답하셨다.
"인(仁)을 해치는 자를 '적(賊)'이라 이르고,
의(義)를 해치는 자를 '잔(殘)'이라 이르고,
잔적(殘賊)한 사람을 일개 지아비인 '일부(一夫)'라 이르니,
일부인 주(紂)를 죽였다는 말은 들었으나,
임금을 시해하였다는 말은 듣지 못했습니다."[43]

맹자는 군왕 앞에서도 한 치의 두려움 없이 자신의 신념을 밝혔다. 그는 임금의 자격은 혈통이 아니라 인과 의를 지키는 데 있다는 점을 분명히 했다. 백성을 해치는 자를 가차 없이 '한낱 사내'로 격하시키는 그의 언어에는 대장부로서의 기개가 드러난다.

맹자는 공자의 정명(正名) 사상을 이어받아, 이름과 역할이 일치하지 않으면 그 지위를 잃는 것이 당연하다고 보았다. 임금이 임금답지 못하다면 그 명분과 권한은 자연히 사라지기 때문이다.

그렇다면 맹자가 말하는 '임금다운 임금'은 어떤 사람일까? 그는 덕을 바탕으로 인을 실천하는 모습을 임금의 참된 길로 보았다. 덕으로 다스리는 정치를 왕도정치, 힘과 권모술수로 다스리는 정치를 패도정치라 구분한 것도 이 때문이다.

왕도정치는 군주의 인격과 도덕성이 백성에게 감화를 주어, 강압이 아닌 존경과 신뢰에서 우러난 복종을 이끌어낸다. 맹자는 이를 두고 "남에게 모질게 하지 못하는 마음으로, 남에게 모질게 하지 못하는 정치를 행하는 것"이라 정의했다. 즉, 백성을 단순한 수단이 아니라 함께 살아가는 동반자로 대하는 태도에서 출발하는 정치다.

반대로 패도정치는 무력과 권모술수에 기대어 백성을 억누르는 방식으로, 맹자는 이를 무도(無道)한 정치라며 강하게 비판했다. 그는 또한 무력을 바탕으로 하면서도 겉으로만 인(仁)을 가장하는 정치 역시 패도정치로 보았다. 겉모습은 백성을 위하는 듯하지만 실제로는 자신의 영예와 이익, 명성을 위한 수단으로 보기 때문이다.

이런 정치가의 모습은 오늘날에도 낯설지 않다. 선거철이 되면 일부 정치인들이 표를 얻기 위해 각종 선심성 정책을 내놓는다. 겉보기에는 국민을 위한 배려처럼 보이지만, 속내를 들여다보면 표를 얻기 위한 계산이 깔려 있는 경우가 많다. 맹자의 관점에서 보면, 이러한 행위는 진정한 '인'이 없는 패도정치다.

진심이 없는 정치인은 언제든 자신의 이익을 위해 국민을 배신할 수 있다. 민주주의 사회에서 선거가 제도화되어 있다는 것은, 국민이 권력을 선택하고 심판할 수 있는 힘을 가진다는 뜻이다. 따라서 우리는 누가 진짜로 국민을 위하는 사람이고, 누가 그럴듯한 말로만 포장하는 사람인지 구별하는 안목을 길러야 한다.

맹자 역시 공자처럼 세상을 돌아다니며 정치적 이상을 펼치려 했다. 그러나 인간의 본성을 선하다고 믿고, 인과 의로 다스리는 왕도정치를 주장한 그의 사상은 당시 부국강병을 앞세우던 제후들의 눈에는 지나치게 이상적으로 보였다. 힘과 이익이 우선인 세상에서 덕과 도리를 말하는 목소리는 쉽게 외면당했다.

맹자는 70세 무렵 고향으로 돌아와 학문에 전념하며 후학 양성에 힘썼다. 비록 그의 이상이 당대에는 꽃피지 못했으나, 그 씨앗은 제자들의 가슴 속에 뿌리내려 훗날 더 큰 세상으로 퍼져 나갔다. 어쩌면 맹자가 믿었던 '선한 마음'은, 권력보다 더 오래 남는 힘이었는지도 모른다.

제6장

> 내 안의 부정적인 마음을
> 어떻게 다스리면 좋을까?

| 잊혀 진 현실주의자, 순자 |

순자의 성은 순(筍), 이름은 황(況)이다. 어려서부터 총명하고 뜻이 높았던 그는, 15세의 나이에 고향 조나라를 떠나 제나라 직하로 향했다.
직하는 당시 천하의 석학들이 모여 학문을 논하고, 정치와 세상을 비평하던 지식의 용광로였다. 그 치열한 학술의 장에서 순자는 두각을 나타내어 세 차례나 학관의 영수로 추대된다. 그러나 명성과 함께 시기와 참소도 따라왔다.
제나라에서 모함을 받은 그는 결국 초나라로 떠나고, 재상 춘신군의 발탁으로 난릉의 장관 자리에 오른다. 하지만 춘신군이 세상을 떠나자 그는 관직을 내려놓고 난릉에 머물며 학문에 몰두했다.
순자는 살아있을 때는 학문적으로 크게 존경받았으나, 후세에는 그의 사상이 유가의 정통에서 벗어난 것으로 인식되어 이단시되었다.

욕망을 다스리는 지혜

1. **욕망을 있는 그대로 인정하라**

   욕망은 나쁜 것이 아니라 자연스러운 것이다. 억누르기보다 솔직히 인정할 때 다스릴 수 있다. 자신의 욕망을 부정하지 말고 있는 그대로 바라보라. 인정이 곧 통제의 시작이다.

2. **가치 있는 선택을 하라**

   욕망을 무조건 부정할 필요는 없다. 순간의 쾌락보다 장기적으로 가치 있고 의미 있는 욕망을 선택하라. 좋은 욕망이 삶을 성장시킨다.

3. **규칙으로 균형을 잡아라**

   무엇이든 내 마음대로 하면 금세 흐트러진다. 하루하루 실천하는 작은 규칙이 욕망을 적당히 잡아준다. 절제의 습관을 쌓을수록 욕망은 내 편이 된다.

내 안의 부정적인 마음을
어떻게 다스리면 좋을까?

양보는 본성에 어긋나는 행동

　심리학자 피아제에 따르면 아동은 생후 몇 년 동안 규칙을 제대로 이해하지 못한 채 생활한다. 이 시기를 전도덕(premoral) 단계라고 부른다. 아이들은 놀이를 할 때도 규칙이라는 틀을 의식하지 않는다. 규칙이 있더라도 그저 상황에 따라 바꾸어 쓰거나, 아예 무시해 버리는 경우가 많다. 이 시기의 아이들은 자기가 세상의 중심이라고 생각한다. 자기가 원하는 것이 있으면 갖기 위해서 떼를 쓰고 심통을 부린다. 다른 아이들이 갖고 노는 장난감을 뺏기도 하며, 제 장난감을 만지면 화를 내고 싸운다. 아직 예의와 양보를 배우기 전 인간의 모습이다.

아이들은 부모님과 선생님을 통해 예의와 양보를 배워간다. 장난감을 혼자만 가지고 놀던 아이가 "같이 놀자"라는 말을 배우고, 기다리는 법을 익히며 양보를 알게 된다. 내키지 않아도 규칙을 지키고, 친구의 표정에서 서운함이나 기쁨을 읽어내며 배려라는 감정을 키운다. 이렇게 시간이 흐르면서 아이는 자기 입장만이 아니라 친구의 마음과 처지도 헤아릴 수 있는 넓은 시야를 갖게 된다.

순자가 살았던 전국 시대는 극심한 혼란의 시기였다. 그는 그 원인을 인간의 본성에서 찾았다. 사람은 태어날 때부터 이익을 좇고, 질투와 증오를 품어 남을 해치려는 성향이 있으며, 감각적 욕망에 끌려 예절과 의리를 저버리기 쉽다. 따라서 본성대로만 살아간다면 다툼이 끊이지 않고 신분 질서가 무너지며, 기강이 흐트러져 결국 사회 전체가 혼란에 빠질 수밖에 없다.

사람의 본성은 악한 것이니
그것이 선하다고 하는 것은 거짓이다.
지금 사람들의 본성은 나면서부터 이익을 좋아하는데,

이것을 따르기 때문에 쟁탈이 생기고 사양함이 없어진다.

그러므로 반드시 스승과 법도에 따른

교화와 예의의 교도가 있어야 하며,

그런 뒤에야 서로 사양하게 되고,

아름다운 형식을 갖게 되어

다스림으로 귀결될 것이다. [44]

성인께서는 사람들의 본성을

교화시켜 작위를 일으키고,

작위를 일으켜 예의를 만들어 내고,

예의를 만들어 내어 법도를 제정한다.

그러니 예의와 법도는 성인이 생겨나게 하는 것이다.

그러므로 성인이 여러 사람들과 같은 것,

곧 성인이 여러 사람들과 다름이 없는 것이 본성이고,

여러 사람들과는 다르고 훨씬 뛰어난 것이 작위이다. [45]

배고프면 먹고 싶고, 추우면 따뜻해지고 싶으며, 힘들면 쉬고 싶은 마음은 인간의 자연스러운 본성이다. 이러한 본성에 따라 살면 사회는 욕망과 다툼으로 혼란스러워진다. 이를 막기 위해 성인은 예의와 법도를 세우고, 사람들이 이를 지키도록 했다.

배가 고파도 어른 앞에서는 먼저 먹지 않고, 자식이 아버지에게, 아우가 형에게 양보하는 것은 본성에 어긋나는 행동이다. 예의와 법도는 인간의 본성을 다스리고 욕망을 절제하게 하며, 사람과 사람 사이에 질서를 세운다.

꾸준한 반복, 제2의 천성

인간의 본성이 악하다면 세상은 온통 악인으로 가득해야 할 것이다. 그러나 우리는 일상 속에서 서로를 배려하고 규칙을 지키는 수많은 장면을 본다. 버스나 지하철에서 자리를 양보하는 사람, 식당이나 공연장에서 질서 있게 줄을 서는 사람, 교통법규를 지켜 신호를 기다리는 운전자, 쓰레기를 주워 분리수거하는 시민까지 그렇다.

순자는 이러한 모습을 인간이 본래 선해서가 아니라 인위적 노력과 훈련의 결과라고 보았다. 인간은 태어날 때부터 욕망과 이익을 좇는 성향을 지녔지만, 교육과 예의, 사회적 규범을 배움으로써 선하게 행동할 수 있다는 것이다. 다시 말해, 사람들의 양보, 질서, 법 준수는 본성에서 저절로 나오는 것이 아니라, 습관과 수양을 통해 길러진 모습이라는 것이 순자의 설명이다.

순자는 인간의 본성은 악하지만, 예(禮)를 통해 인위적으로 교화하면 선하게 될 수 있다고 보았다. 이를 화성기위(化性起僞)라 한다. 인간은 욕망과 이기심을 지니고 태어나지만, 동시에 올바른 판단을 내릴 수 있는 사려도 함께 갖추고 태어난다.

사려는 외부 사물을 접했을 때 감정이 생기면, 그 감정을 분별하고 옳은 선택을 하도록 이끄는 힘이다. 예컨대 수업 시간에 배가 고파 가방 속 빵을 보고 먹고 싶은 감정이 일어나더라도, '지금은 수업 중이니 먹을 때가 아니다'라고 판단해 행동을 멈추는 것이 사려의 작용이다. 그리고 그 판단에 따라 실제로 빵을 먹지 않는 선택을 하는 것이 바로 인위다.

또 다른 예로, 마트에서 계산을 마쳤는데 거스름돈을 더 받았다면, 본성은 '그냥 가져도 되겠다'는 욕심을 불러일으킨다. 하지만 사려는 '이건 내 돈이 아니다'라고 분별하고, 그 판단에 따라 돈을 돌려주는 것이 인위다.

순자에 따르면, 인위란 타고난 것이 아니라 배움을 통해 습득하고 노력을 통해 성취하는 것이다. 이러한 인위적인 수양과 실천이 반복되면 본성은 점차 교화되어 선으로 나아가고,

다시 악함으로 돌아가지 않게 된다. 바로 이 상태가 순자가 말한 화성기위의 경지다.

순자는 사람이라면 누구나 노력에 의해 성인이 될 수 있다고 보았다. 누구든 도를 받들어 학문에 힘쓰고, 마음을 다해 깊이 사색하며, 오랜 세월 동안 쉼 없이 선을 쌓는 데 몰두한다면, 마침내 성인의 경지에 이를 수 있다는 것이다.

> 길거리의 백성이라 하더라도 선을 쌓아
> 완전함을 다하게 되면, 그를 성인이라 한다.
> 성인은 선을 추구함으로써 그것을 얻었고,
> 선을 행함으로써 그것이 이루어졌으며,
> 그런 일을 쌓아 감으로써 높아졌고,
> 그런 일을 다 한 뒤에야 성인이 되었다.
> 그러므로 성인이란
> 사람들이 노력을 쌓아 감으로써 이루어졌다.[46]

거리의 평범한 사람이라도 누구나 인의를 알 수 있는 이성과 그것을 실천할 수 있는 능력을 타고난다. 그러므로 무엇이 선인지 깨닫고, 자신의 마음을 다해 선을 쌓아가는 노력을 멈추지 않는다면, 마침내 본성이 인위적으로 교화되어 성인의 경지에 이를 수 있다.

순자는, 본성을 인의와 도덕으로 변화시키려면 전념과 꾸준한 실천이 필수라고 보았다. 처음에는 억지로 시작하지만, 반복하면 그것이 자연스럽게 몸에 배어 제2의 천성이 된다.

> 목재가 곧아서 먹줄의 직선에 들어맞더라도
> 열을 가해 둥근 수레바퀴를 만들면
> 그 휘어진 곡선이 그림쇠로 그은 모양과 일치한다.
> 그런 뒤에는 비록 또 열을 가하고 햇볕을 쪼이더라도
> 다시는 펴져서 곧아지지 않으니,
> 이는 처음에 열을 가해 휘어서
> 이미 그 모양으로 만들어졌기 때문이다.
> 그러므로 목재가 먹줄을 퉁겨
> 바로잡히는 과정을 거치면 곧아지고,
> 도검이 숫돌에 갈려지는 과정을 거치면 날카로워지며,
> 군자가 널리 배우고
> 또 매일 자기를 점검하고 성찰하는 과정을 거치면
> 식견이 고명해져서 행동에 잘못이 없을 것이다.[47]

인의와 도덕은 태어날 때부터 저절로 주어지는 것이 아니다. 순자는 그래서 본성을 변화시켜 인위적인 도덕심을 세우는 일을 무척 어렵게 여겼다.

그는 이를 물살을 거슬러 배를 젓는 일에 비유했다. 앞으로 나아가려면 쉼 없이 노를 저어야 하고, 잠시라도 힘을 늦추면 배는 곧바로 물살을 타고 뒤로 밀려난다. 본성을 거슬러 나아가는 노력도 마찬가지다. 멈추지 않고 꾸준히 해야만 조금씩 전진할 수 있으며, 한순간의 방심은 지금까지의 성취를 무너뜨린다.

이 비유는 오늘날 우리에게도 깊은 시사점을 준다. 현대 사회는 끊임없이 욕망을 자극하고, 편리함을 좇게 하며, 순간의 이익을 위해 도덕적 원칙을 쉽게 무너뜨리도록 유혹한다. 이런 환경 속에서 도덕심을 지키려면 더욱 의식적인 노력이 필요하다. 작은 습관을 꾸준히 지켜내는 훈련, 타인을 존중하는 태도, 사회적 규범을 지키려는 실천이 바로 현대인이 '노를 젓는 일'이다. 멈추지 않고 계속할 때에만 우리는 욕망의 흐름에 휩쓸리지 않고, 인간다운 품성을 지켜낼 수 있다.

욕망을 제어하는 장치, 예

사람은 소보다 힘이 세지 않고, 말처럼 빠르게 달리지도 못한다. 그럼에도 불구하고 소와 말을 길들이고, 나아가 만물을 다스릴 수 있게 된 것은 인간만이 가진 특별한 능력 덕분이다.

순자는 그 힘을 공동체를 이루고 지탱하는 능력에서 찾았다. 개인의 힘은 미약하지만, 사람들이 모여 협력할 때 강한 힘을 발휘할 수 있으며, 그 공동체를 가능하게 하는 원리가 바로 예(禮), 의(義), 그리고 분별하는 지혜다.

인간이 동물보다 강하거나 빠르지 않음에도 불구하고 세계를 다스릴 수 있었던 이유는, 힘이 아니라 규범과 신뢰, 그리고 협력의 힘을 만들어낸 데 있다.

> 사람은 태어나면서부터 여럿이 모여
> 돕고 살지 않을 수가 없다.
> 여럿이 모여 살면서도 신분의 분별이 없다면
> 다투게 될 것이고,
> 다투면 혼란해지고, 혼란하면 서로 떨어져 나가고,
> 떨어져 나가면 약해지며,
> 약해지면 만물을 이겨낼 수가 없다.

잠시라도 예의를 버려서는 안 된다고 말하는 것은
이 때문이다.[48]

사람은 태어날 때부터 욕망을 품고 태어난다. 더 갖고 싶고, 더 누리고 싶어 한다. 그러나 이 욕망이 법도와 한계를 잃는 순간, 사회는 위태로워진다.

욕망이 서로 충돌하면 다툼이 생기고, 다툼은 곧 혼란으로 이어진다. 혼란은 공동체를 무너뜨리고, 흩어진 사람들은 외부의 위협 앞에서 속수무책이 된다. 순자가 "잠시라도 예의를 버려서는 안 된다"고 강조한 까닭이 바로 여기에 있다. 예(禮)는 욕망을 제어하고 사람들을 하나로 묶어주는 장치이며, 이를 지킬 때만 공동체는 질서를 유지하고 힘을 발휘할 수 있다.

> 예의란 귀하고 천한 등급을 매겨 주고,
> 나이 많은 이와 적은 이의 차등이 있게 하고,
> 가난하고 부유한 사람과
> 신분이 가볍고 무거운 사람에 따라
> 모두 어울리는 대우를 하는 것이다.
> 그들의 덕은 그들의 지위에 어울려야 하며,
> 그들의 지위는 반드시 그들이 받는 녹에 어울려야 하며,

그들의 녹은 반드시 그들의 쓰임에 어울려야만 한다.
천하의 땅을 헤아려 제후들의 나라를 세워 주고,
나라의 이익을 헤아려 백성들을 양육하며,
사람들의 능력을 헤아려 할 일을 맡기는 것이다. [49]

순자가 살던 전국 시대는 신분이 엄격히 구분되어 있었다. 천자, 제후, 대부, 평민이 각각 할 수 있는 일과 할 수 없는 일이 명확히 정해져 있었고, 집의 크기, 제사의 규모, 심지어 옷의 색깔까지 규정이 있었다.

순자는 여기에 새로운 원칙을 더했다. 신분이 아니라 능력과 덕에 따른 질서가 필요하다는 것이다. 그는 "문지기의 아들도 재상이 될 수 있고, 재상의 아들도 문지기를 할 수 있다"고 강조하며, 능력 있는 자에게 관직을 맡기고 덕이 있는 자에게 지위를 주어야 한다고 주장했다. 따라서 순자가 말한 예는 단순히 차별을 정당화하는 규범이 아니라, 나라를 바르게 다스리기 위한 적재적소의 원리였다. 이는 신분제 사회에서도 인재 등용과 공정한 질서를 위한 중요한 사상적 기반이 되었다.

길흉화복은 스스로가 불러오는 것

"하늘이 보고 있다." 잘못을 했을 때 이 말을 들으면 괜스레 마음이 찔린다. 멀리 있는 것 같은 하늘이지만, 마치 내 행동 하나하나를 지켜보고 있는 듯 하기 때문이다.

유가의 전통에서 하늘은 단순한 자연 현상이 아니다. 하늘은 인격적 존재이자 심판자로 이해되었다. 사람의 길흉화복을 주재하고, 착한 행동을 하면 복을 내리며, 나쁜 행동을 하면 벌을 내린다고 믿었다. 이런 사상을 주재지천(主宰之天)이라 부른다.

공자와 맹자도 하늘을 이렇게 바라보았다. 특히 맹자는 하늘이 인간에게 이미 선한 마음을 주었으니, 우리는 그 마음을 지키고 실천해야 한다고 강조했다. 결국 하늘은 인간을 외부에서 감시하는 존재이면서도, 동시에 인간 내면의 도덕심으로 연결되는 원천이었다.

이러한 유가의 전통적 관점과 달리 순자는 하늘을 바람, 구름, 비, 해와 같은 자연 현상일 뿐이라고 보았다. 순자에 의하면, 하늘은 인간의 선악에 관심이 없으며, 도덕적 뜻도 품고 있지 않다. 홍수가 나거나 가뭄이 오는 것은 하늘의 심판이 아니라 단지 자연의 법칙일 뿐이다.

따라서 순자는 복과 화는 하늘의 뜻에서 비롯되는 것이 아니라, 인간의 행동에서 비롯된다고 보았다. 이런 관점을 자연지천(自然之天)이라고 한다. 순자는 인간과 하늘을 명확히 구분하고, 인간의 삶과 도덕은 스스로의 책임이지, 하늘에 기대어서는 안 된다고 말한다.

> 하늘의 운행에는 일정한 법도가 있다.
> 거기에 다스림으로 호응하면 곧 길하고,
> 어지러움으로 호응하면 곧 흉하다.
> 농사에 힘쓰고 쓰는 것을 절약하면
> 하늘도 가난하게 할 수 없고,
> 잘 보양하고 제때 움직이면
> 하늘도 병들게 할 수 없으며,
> 올바른 도를 닦아 도리에 어긋나지 않으면
> 하늘도 재난을 당하게 할 수 없다.
> 그러므로 장마와 가뭄도
> 그런 사람을 굶주리게 할 수 없고,
> 추위와 더위도 그런 사람을 병들게 할 수 없으며,
> 요괴도 그런 사람을 불행하게 할 수 없다.[50]

하늘의 운행에는 일정한 법도가 있다. 그것은 인간이 바꿀 수 없는 것이지만, 우리가 어떤 태도로 대응하느냐에 따라 길흉은 달라진다. 장마와 가뭄, 혹한과 혹서 같은 자연의 변화도 미리 대비한 사람을 굶주리게 하거나 병들게 하지는 못한다. 결국 복은 하늘이 내려주는 것이 아니라, 사람이 스스로의 지혜와 노력으로 만들어 가는 것이라는 것이 순자의 가르침이다.

순자는 분명 유학자였지만, 맹자와 달리 인간의 본성을 악하다고 보았고, 하늘 또한 단순한 자연 현상일 뿐 인간사에 개입하지 않는다고 주장했다. 이러한 시각 때문에 그는 생전에는 학문적으로 존경받았으나, 사후에는 유가의 정통에서 벗어난 인물로 평가되었다.

그러나 순자의 사상은 단순히 유가의 정통에서 밀려난 이단적 견해로만 볼 수 없다. 그는 인간의 본성이 악하다는 전제 위에서 오히려 인간의 가능성을 강조했다.

욕망과 이기심이 인간에게 내재해 있지만, 교육과 예, 법과 제도를 통해 이를 교정하고 사회적 질서를 세울 수 있다는 점을 분명히 했다. 즉, 인간은 그대로 두면 혼란을 일으키지만, 노력과 학습을 통해 스스로를 변화시킬 수 있는 존재라는 것이다. 순자의 사상은 결국 인간이 본성을 넘어설 수 있다는 강한 믿음, 그리고 끊임없는 수양과 제도의 필요성을 강조한 개혁적 철학으로 평가할 수 있다.

3부

마음을 세우는 지혜

제7장

"
우주는 무엇으로
이루어졌을까?
"

성리학의 집대성자, 주희

주희는 어려서부터 남달랐다. 네 살 무렵 "하늘 위에는 무엇이 있을까요?"라는 질문을 해 아버지를 놀라게 했다고 한다. 그의 깊은 호기심은 학문적 성취로 이어져 열아홉 살에 과거에 합격하였다.

젊은 시절의 주희는 불교와 도교에 매료되었고, 세상의 근원과 인간의 본성을 탐구하는 데 열정을 쏟았다. 그러나 서른 살 무렵 스승 이통을 만나면서 유학에 몰두하게 되었다.

주희는 맹자의 성선설을 바탕으로 하면서도 불교와 도교, 앞선 유학자들의 사상을 융합하여 새로운 사유 체계를 세워 나갔다. 그 결실이 바로 성리학이었다. 한국의 성리학자들은 그를 '주자(朱子)'라 부르며 사상적 스승으로 존경하였다.

그의 삶은 순탄하지만은 않았다. 간신들의 모함으로 억울한 탄압을 당하기도 하였다. 그럼에도 그는 굴하지 않고 글을 쓰고, 가르치고, 배우기를 멈추지 않았다.[51]

자기 완성을 위한 지혜

1. **마음을 고요히 하라.**
   분노, 조급함, 불안 같은 감정의 파도를 잠시 멈추고, 마음을 고요히 바라보라. 고요함 속에서 본래의 맑은 본성이 드러난다.

2. **배움을 추구하라.**
   궁금한 것은 끝까지 파고들라. 지식을 단순히 소비하지 말고, 삶 속에서 이해하고 연결하라. 매일의 작은 배움이 쌓여 진리에 이른다.

3. **스스로 돌아보라.**
   하루를 마감할 때, 오늘의 나를 성찰하라. "나는 오늘 어떤 선택을 했는가?"를 묻는 습관이 성장을 이끈다. 나를 돌아보고 잘못을 바로잡는 습관은 나를 다듬는 칼날과 같다.

우주는 무엇으로 이루어졌을까?

세상을 읽는 두 개의 코드

우리가 살아가는 세상은 늘 다채로운 모습으로 우리 앞에 펼쳐진다. 어제의 하늘과 오늘의 하늘은 같지 않고, 매년 돌아오는 봄도 그때그때 다른 얼굴을 하고 찾아온다. 사람들 역시 마찬가지다. 누구나 사람이라는 공통된 이름을 갖지만, 생김새와 성격, 살아가는 방식은 서로 다르다. 이처럼 겉으로 드러나는 현상은 다양하지만, 그 속에는 변하지 않는 어떤 질서가 숨어 있다.

주희는 바로 이런 점을 통찰했다. 그는 "자연에서 생겨난 것이든, 사람이 만든 것이든 모든 것에는 공통된 이치가 있고, 그 이치를 담아 드러내는 구체적인 모습이 있다"고 설명했다.

그는 변하지 않는 질서를 '이(理)'라 불렀고, 그 질서가 깃들어 눈앞의 형태와 재료로 나타난 모습을 '기(氣)'라고 하였다.

음악을 예로 들어보자. 악보는 변하지 않는 공통된 원리다. 하지만 그 악보가 실제로 소리로 들리려면 피아노나 바이올린 같은 악기, 그리고 연주자의 손길이 필요하다. 같은 악보라도 어떤 이는 서정적으로, 또 어떤 이는 힘차게 연주한다. 악보는 같지만 연주는 매번 다르다. 여기서 악보는 보이지 않는 질서이자 원리인 '이(理)'이고, 악기와 연주가 만들어내는 소리는 구체적으로 드러나는 '기(氣)'에 해당한다.

> 세상에 이치 없는 기운은 없고,
>
> 기운 없는 이치도 없다.
>
> 먼저 하늘의 이치가 있으면,
>
> 기운도 있게 된다.
>
> 기운이 쌓여서 형질이 되면,
>
> 본성이 거기에 갖추어진다.[52]

결국 세상 만물은 이와 기가 함께해야 존재한다. 악보와 연주가 만나야 음악이 되고, 운영체제와 하드웨어가 결합해야 컴퓨터가 돌아간다. 눈에 보이지 않지만 질서를 부여하는 이,

그리고 그 질서를 담아내며 변화무쌍하게 드러나는 기. 두 가지가 어우러질 때, 만물이 존재할 수 있는 것이다.

이(理)는 사물 속에 깃들어 있지만 눈으로 직접 볼 수 없으므로 무형이며, 형이상(形而上)의 세계에 속한다. 반대로 기(氣)는 사물을 실제로 이루는 재료이자 눈앞에 드러나는 모습이기에 유형이며, 형이하(形而下)의 세계에 속한다.

지금 우리가 앉아 있는 집을 생각해 보자. 집을 짓기 위해서 먼저 해야 할 것은 설계도를 구상하는 것이다. 설계도가 완성되면 그에 맞춰 벽돌, 모래, 시멘트, 유리창, 철근 같은 재료들을 준비한다. 그리고 건축가와 기술자들은 설계도를 바탕으로 재료를 잘 배합해 집을 완성한다. 이때 설계도는 이(理)에 해당하고, 집을 짓는 데 쓰이는 각종 재료들은 기(氣)라 할 수 있다.

그런데 여기서 중요한 점은, 같은 설계도를 가지고도 어떤 재료를 쓰느냐, 어떻게 인테리어를 하느냐에 따라 집의 모습은 달라진다는 것이다. 벽돌을 쓰느냐, 나무를 쓰느냐에 따라 집의 질감이 달라지고, 내부 공간을 어떻게 꾸미느냐에 따라 같은 구조라도 전혀 다른 분위기가 된다. 즉, 설계도라는 이(理)는 같지만, 재료와 꾸밈이라는 기(氣)가 달라지면 그 결과물은 서로 다른 집으로 드러난다.

이처럼 설계도와 재료가 함께해야 집이 완성되듯, 세상 모든 사물도 이와 기가 함께해야 비로소 존재할 수 있다. 이(理)는 집을 만드는 원리처럼 눈에 보이지 않는 무형의 질서이며, 기(氣)는 실제 재료와 인테리어처럼 눈앞에 드러나는 유형의 모습이다. 결국 세상에 존재하는 모든 것은 이와 기가 결합하는 방식에 따라 조금씩 다른 얼굴로 나타나는 것이다.

> 이치는 기운에서 떨어진 적이 없다.
> 그러나 이치는 형이상의 것이고,
> 기운은 형이하의 것이다.
> 형이상과 형이하의 관점에서 말한다면,
> 어찌 앞뒤가 없겠는가!
> 이치는 형체가 없지만,
> 기운은 거칠어서 찌꺼기가 있다.[53]

만물이 생겨날 때는 먼저 이(理)가 존재하고, 그 뒤를 따라 기(氣)가 생겨난다고 주희는 보았다. 마치 '배'라는 원리가 먼저 있고, 그 원리에 따라 범선, 조각배, 뗏목, 돛단배 같은 여러 형태의 배가 만들어지는 것과 같다. 선후를 따진다면 이가 앞서고 기가 뒤따르는 셈이다.

그렇다고 해서 기의 역할이 덜 중요한 것은 아니다. 기가 없다면 이는 머물 곳이 없어지고, 현실 속에 나타날 수도 없다. 결국 이는 원리로서 기를 이끌어 내고, 기는 그 원리를 실제 모습으로 구현한다. 이와 기는 이렇게 서로 떨어질 수 없는 관계이자, 서로를 보완하는 관계다.

우주를 담은 인간의 마음

주희는 이와 기로 설명되는 우주의 원리를 인간에게도 적용하였다. 사람은 다른 만물과 마찬가지로 이와 기의 결합으로 태어난 존재다. 그러나 인간에게는 특별한 점이 있다. 하늘이 부여한 이치가 곧 본성으로 주어졌다는 것이다. 그래서 인간의 본성[性]은 곧 이치[理]라 할 수 있다. 이를 성즉리(性卽理)라 부르며, 여기서 성리학이라는 이름이 비롯되었다.

인간의 본성은 본연지성과 기질지성으로 구분된다. 본연지성은 하늘로부터 부여된 것으로, 모든 사람에게 공통적으로 주어진 순수하고 선한 성품이다. 반면 기질지성은 개인의 기질과 환경에 따라 달라지며, 그 기질이 맑거나 흐린 정도에 따라 선악의 차이가 드러난다. 주희는 이러한 본연지성을 모든 이의 마음속에 깃든 하나의 맑은 구슬에 비유하였다.

이치가 기운 속에 있는 것은
마치 밝은 구슬이 물속에 있는 것과 같다.
이치가 맑은 기운 속에 있는 것은
마치 구슬이 맑은 물속에 있어서
밝게 투과되어 보이는 것과 같다.
이치가 흐린 기운 속에 있는 것은
마치 구슬이 흐린 물속에 있어서
밖에서는 밝은 구슬을 보지 못하는 것과 같다.[54]

맑은 기운을 타고난 사람은 성인이 되니,
마치 귀중한 구슬이 맑은 물속에 있는 듯하다.
흐린 기운을 타고난 사람은
어리석거나 불초한 사람이 되니,
마치 구슬이 흐린 물속에 있는 듯하다.
이른바 밝은 덕을 밝힌다는 것은
마치 흐린 물속에서 구슬을 닦는 것과 같다.[55]

구슬은 본연지성을, 물은 기질지성을 비유한다. 맑은 물에 잠긴 구슬은 그 빛을 또렷하게 드러내지만, 탁한 물에 잠긴 구슬은 그 빛이 가려져 잘 보이지 않는다. 본연지성은 기질의 영향을 받지 않은 순수한 이(理)만을 가리키며, 기질지성은 이와 기가 결합된 현실 속의 본성을 뜻한다.

주희는 맹자의 성선설을 이어받아, 사람은 모두 하늘의 이치를 타고나기에 태어날 때부터 지극히 선하다고 보았다. 그러나 각자의 기질에 따라 그 선함이 달라진다. 어떤 이는 맑은 기질 덕분에 본래의 선이 드러나지만, 또 어떤 이는 흐린 기질 때문에 본성이 가려져 악한 모습으로 나타나기도 한다. 따라서 선한 사람이 되기 위해서는 무엇보다 기질을 맑게 변화시키는 노력이 필요하다.

마음을 닦는 공부

주희는 누구나 마음속에 선한 본성을 지니고 있으며, 그것을 되찾는 열쇠는 스스로의 수양에 달려 있다고 한다. 마음을 단련하고 성찰을 거듭할 때, 흐릿하게 가려졌던 구슬은 다시 맑은 빛을 드러낸다.

인자함, 의로움, 예의바름, 지혜로움이
마음에 뿌리를 두고 있다는 것은
본성으로부터 마음을 파악한 것이다.
생각건대 마음은 본성과 감정을 모두 포괄하니,
본성은 본체이고 감정은 작용이다.[56]

마음이 움직이기 이전은 본성이 되고,
이미 움직인 뒤에는 감정이 되니,
마음은 본성과 감정을 아우른다고 말한다.
욕망은 감정이 드러난 것이다.
마음을 물에 비유한다면,
본성은 물이 고요한 것이고,
감정은 물이 흐르는 것이다.
욕망은 물이 파도치는 것인데,
파도치는 것은 좋은 것도 있고
좋지 않은 것도 있다.
욕망 가운데 좋은 것은
"나는 인자하려고 노력한다"는 뜻과 같으며,
좋지 않은 것은 줄곧 마구 달려 나가서
거세게 파도치는 것과 같다.[57]

마음을 물에 비유하면 본성[性]은 고요하고 잔잔한 물과 같은 상태이고, 감정[情]은 외부의 자극으로 인해 물결이 이는 상태라고 할 수 있다. 다시 말해, 본성은 움직이지 않는 맑은 근원이며, 감정은 그 근원이 세상과 만날 때 드러나는 파동인 것이다.

주희는 인간의 마음에는 본성과 더불어 감정이 있으며, 본성은 감정을 통해서 비로소 드러난다고 보았다. 본성에 깃든 인·의·예·지의 덕은 각각 측은지심, 수오지심, 사양지심, 시비지심이라는 감정을 통해 그 모습을 드러낸다.

사람은 누구나 물에 빠진 아이를 보면 가슴이 철렁 내려앉으며 불쌍한 마음이 일어나 아이를 구하고자 한다. 주희는 바로 이 장면을 통해 마음의 이치를 설명한다. 외부의 상황, 즉 '물에 빠진 아이'라는 사건이 계기가 되어 우리 안에서는 '측은지심'이라는 감정이 솟아난다. 그리고 그 감정에 따라 행동할 때, 우리는 '인'을 실현하게 된다.

생각해 보면, 이 측은의 감정은 우연히 일어나는 것이 아니다. 우리 본성 깊은 곳에 이미 인의 덕이 자리 잡고 있기에, 외부의 자극을 만나면 그 선한 씨앗이 반응하여 감정으로 드러나는 것이다.

주희는 본성과 감정의 관계를 근원과 작용으로 설명한다. 인의 덕은 마음의 근본이요 본체이며, 측은의 감정은 그 근본이 세상 속에서 움직일 때 드러나는 파동이다.

감정은 크게 사단과 칠정으로 나눌 수 있다. 사단은 측은지심·수오지심·사양지심·시비지심을 가리키는 것으로, 본성에서 곧바로 흘러나온, 선한 감정이라 할 수 있다.

칠정은 기쁨, 분노, 사랑, 두려움, 슬픔, 미움, 욕구 등 인간이 살아가며 흔히 겪는 일곱 가지 감정을 가리킨다.

칠정은 상황에 따라 선하기도 하고 악하기도 하다. 예를 들어, 남을 괴롭히는 사람을 보고 미워하는 마음이 들면 정의로운 분노이므로 선한 감정이 된다. 그러나 부모의 사랑을 독차지하기 위해 형제를 미워하는 마음은 사사로운 욕심에서 비롯된 것이므로 악한 감정이라 할 수 있다.

감정은 본성의 빛을 드러내는 통로이지만, 절제되지 못하면 본성을 가리는 그림자가 되기도 한다. 마음을 잘 기르는 일은 곧 감정의 흐름을 다스려 도리와 조화를 이루도록 하는 데에 달려 있는 것이다.

제8장

> 옳은 길, 어떻게 선택하고
> 지켜 나갈 것인가?

칼을 찬 선비, 남명

16세기 조선, 권력의 소용돌이와 당파의 칼날이 조정을 흔들던 시절. 세상은 혼탁했고, 바른 뜻을 세우는 일은 목숨을 건 선택이었다. 그러나 그 격랑 속에서도 사림의 기풍을 드높인 학자가 있으니, 바로 조식이었다.

조식은 1501년 경상도 삼가현에서 태어났으며, 호는 남명이다. 서른 살이 되던 해 김해로 이주한 그는 집 근처에 산해정사를 짓고 학문에 몰두했다. 이때부터 스스로를 남명이라 자호하였다.

학문적 식견과 실천을 중시한 남명은 율력·형법·천문·지리·군사·관직 제도에 이르기까지 폭넓은 지식을 갖추고 있었다. 그는 당시 유학자들로서는 드물게 칼을 차고 다녔으며, 제자들에게도 병법 연구를 권했다. 과거시험 과목인 책문을 연습시키는 과정에서는 일본과의 관계를 주제로 삼아, 전쟁이 발발했을 때의 대처 방안을 묻는 문제를 직접 제시하기도 했다.

남명의 문하에서 수많은 의병장이 나왔으며, 그들은 전쟁터에서 성공적인 전과를 거두었다. 이는 남명이 길러낸 학문이 단지 글 속에 머무르지 않고, 현실을 움직이는 힘이었음을 잘 보여준다.[58]

실천하는 삶을 위한 지혜

1. 작은 습관부터 시작하라
   집안을 청소하고, 예절을 지키며, 일상 속 기본을 지키는 것에서부터 시작하라. 진짜 변화는 사소한 습관이 쌓일 때 시작된다.

2. 옳은 선택을 하라
   이익보다 바른 길을, 편함보다 선한 길을 고르라. 선택이 곧 나의 얼굴이 된다.

3. 공익을 위해 목소리를 내라
   침묵하지 말고, 옳은 일을 위해 당당히 말하고 행동하라. 의를 지키는 발언과 행동이 세상을 움직인다.

옳은 길, 어떻게 선택하고 지켜 나갈 것인가?

작은 실천부터 시작하라

젊은 시절 과거 준비를 하던 남명은 성리대전을 읽고 인생의 전기를 맞이하게 된다. 그는 성리대전을 읽으면서 깨달은 바에 대해 이렇게 말한다.

"나아가 벼슬하면 나라를 위해 크게 하는 일이 있어야 하고, 물러나 은거해 있으면 스스로를 지킬 줄 알아야 한다. 대장부는 마땅히 이와 같이 하여야 한다. 나아가 벼슬해도 하는 일이 없고 물러나 은거하면서도 지키는 것이 없다면, 뜻하고 배운들 무엇 하겠는가?"라는 말을 보고서 흠칫 자신을 돌아보니, 부끄럽고 위축되어 정신을 잃을 것 같았다.

　배운 것이 형편없어 거의 일생을 그르칠 뻔한 것과 애초에 인륜이나 일상생활에서의 일들이 모두 본분에서 나오는 것인 줄 몰랐던 것에 대하여 깊이 탄식하게 되었다.

　이때의 느낌은 마치 어린 나이에 부모를 잃고 어디로 가야 할지 모르다가, 하루아침에 문득 자애로운 어머니의 얼굴을 뵙고 자기도 모르게 손을 흔들고 발을 구르며 춤을 추는 것과 같았다.[59]

남명은 학문하는 목적을 '실천'에 두었다. 그에게 실천이란 일상생활의 기본을 지켜나가는 것이었다. 집 안팎을 물 뿌리고 비로 쓸어 깨끗이 하는 일, 웃어른의 부름에 곧바로 달려가거나 정중히 응대하는 예절, 자리에 나아가고 물러날 때의 단정한 몸가짐 등이 모두 학문의 토대였다.

　퇴계에게 보낸 편지에 실천을 중시하는 그의 생각이 잘 담겨있다.

평생 마음으로만 사귀면서 지금까지 한 번도 만나질 못했습니다. 앞으로 이 세상에 머물 날도 얼마 남지 않았으니, 결국 정신적 사귐으로 끝나고 마는 것인가요?

선생께서 의춘으로 오시면 쌓인 회포를 풀 날이 있으리라 매번 생각하고 있었는데, 아직까지도 오신다는 소식이 없으니, 이 또한 하늘의 처분에 모두 맡겨야 하겠습니다.

요즘 공부하는 자들을 보건대, 손으로 물 뿌리고 비질하는 절도도 모르면서 입으로는 천리를 담론하여 헛된 이름이나 훔쳐서 남들을 속이려 하고 있습니다.

아마도 선생 같은 장로께서 꾸짖어 그만두게 하지 않기 때문일 것입니다. 선생 같은 분은 몸소 상등의 경지에 도달하여 우러르는 사람이 참으로 많으니, 십분 억제하고 타이르심이 어떻겠습니까? 삼가 헤아려주시기 바랍니다.

이만 줄입니다.[60]

남명과 퇴계는 같은 해에 태어난 동갑내기 학자였다. 남명은 학자들이 철학적 담론에만 매몰되어 끝없는 논쟁을 벌이는 현실을 안타깝게 여겼다. 그는 퇴계에게 이러한 풍토를 바로잡아 주기를 청했다.

남명은 학문이란 '하학상달'하는 것이라고 보았다. 하학은 '하학인사(下學人事)'의 줄임말로, 삶의 현장에서 마주하는 인간사를 뜻한다. 상달은 '상달천리(上達天理)'의 줄임말로, 하늘의 이치를 깨닫고 그 경지에 이르는 것을 의미한다.

남명에게 있어 학문의 길은 하학에서 시작해 상달에 이르는 과정이었다. 그는 일상생활 속 체험과 실천을 통해서만 천리를 내 것으로 만들 수 있으며, 그럴 때에야 비로소 참된 상달이 가능하다고 보았다. 생활에서 필요한 지식을 몸에 익히고 자기 것으로 소화해 내는 것, 그리고 그 끝에서 진리와 나를 하나로 통일시키는 것, 이것이 남명이 말한 학문의 궁극이었다.[61]

> 일상생활에서 실천할 수 있는 일을 궁구함이
> 오묘한 이치에 도달하는 근본이 된다.
> 군자가 선의 단서를 미루어 극진히 하는 데는
> 근본을 세우는 것이 무엇보다 중요하다.
> 학문이란 쌓지 않으면 두터워지지 않으니,
> 비유컨대 오줌을 받아놓고 바닷물을 묻는 것과 같다.

진실로 신령한 뿌리가 마르지 않으면,

천하를 적시고도 마르기 어려우리.

덮어놓지 않은 샘의 차가운 물을 보라.

아무리 퍼내어도 여전하지 않은가?[62]

남명은 학문의 목적을 '식견을 높이는 것'에 두었다. 학문을 깊이 쌓으면 시야가 넓어지고, 시야가 넓어지면 마치 태산에 올라 세상을 바라보는 것과 같다고 했다.

높은 산에 오르면 사방의 지형이 한눈에 들어오듯, 식견이 높은 사람은 길을 잃지 않는다. 반면, 식견이 좁은 사람은 산골짜기에 앉아 사방을 살피려 하는 것과 같아, 아무리 판단하려 해도 전체를 보지 못하여 길을 헤매게 된다.

남명은 당시 학문의 폐단을 자신에게 절실한 일은 버려두고 고상한 것만 추구하고 실천에 힘쓰지 않는 점이라고 보았다. 성현의 학문도 그 근본은 일상생활의 평범한 일에 지나지 않는다. 남명은 이론적 논리는 이미 옛사람들이 정밀히 하였으니, 후세에 학문하는 이들이 추구해야 하는 것은 실천하는 데 있음을 강조한다.

실천에는 두 갈래가 있다. 하나는 자신을 위해 하는 실천, 다른 하나는 남을 위해 하는 실천이다. 전자는 자기 실천, 후자는 사회적 실천이라 할 수 있다. 자기 실천이 제대로 되어야 비로소 사회적 실천도 가능하다. 자신도 구제하지 못하면서 남을 구제한 사람은 없다.

남명은 무엇보다 자기 실천에 철저했다. 그는 남을 완성시키는 방법을 강요나 지시에서 찾지 않았다. "내가 완성시켜주는 것이 아니라, 그가 스스로 완성하도록 돕는 것"이 진정한 길이라 여겼다. 그 방법은 단 하나, 먼저 자신이 모범을 보이는 것이었다.

남명은 솔선하여 실천했고, 그 모습이 자연스럽게 사람들에게 감화를 주었다. 그가 걸은 길 위로, 그 시대의 수많은 이들이 따라갔다.[63]

마음을 붙드는 힘

사람들은 물질적 이득과 외적인 명예를 위해 자신의 시간과 에너지를 쏟는 것은 아까워하지 않으면서도 자신의 삶의 의미와 참된 마음을 찾는 데는 무관심한 경우가 많다.

바쁜 하루 속에서 우리는 마음이 어디에 있는지도 모른 채 시간을 흘려보낸다. 눈앞의 일에 쫓기고, 사람들의 기대에 맞추다 보면 어느새 나를 잃어버린 듯한 기분이 든다. 이런 상태를 '방심', 곧 마음을 놓아버린 것이라 할 수 있다.

잠시 멈추어 흩어진 마음을 돌아보고, 그 마음 위에 옳은 선택을 세울 때, 우리는 비로소 '나'를 지키며 살아갈 수 있다. 흩어진 마음을 되찾는 것이 '구(求)방심'이다.

남명은 놓아버린 마음을 찾아 다시 잃지 않기 위해서는 경(敬)을 함양해야 한다고 말한다.

> 경은 성학의 시작이 되고 끝이 되는 것으로,
> 초학자로부터 성현에 이르기까지
> 모두 경을 주로 하는 것으로
> 도에 나아가는 방편으로 삼습니다.
> 학문을 하면서 경을 주로 하는 공부가 부족하면
> 학문하는 것이 거짓이 됩니다.
> 맹자가 말씀하기를
> "학문하는 도는 다른 것이 없다.
> 놓아버린 마음을 구하는 것뿐이다."라고 하였으니,
> 이것이 바로 경을 주로 하는 공부입니다.
> 옛날 여러 성현들의 글이 많지만,
> 이 한마디로 지극하고 극진합니다.

> 학문하는 사람들이 이 마음을 능히 거두어들여
> 오래도록 잃지 않으면
> 모든 사악한 마음이 저절로 사라지고
> 온갖 이치가 저절로 통하게 될 것입니다.[64]

우리는 하루에도 수없이 마음을 놓친다. 책상 앞에 앉아 공부를 시작했지만, 몇 분 지나지 않아 휴대폰 알림이 울리고, 어느새 손은 화면을 넘기고 있다. 중요한 회의 중에도 머릿속은 점심 메뉴를 고르느라 분주하고, 친구의 이야기를 들으면서도 내일 할 일을 떠올린다. 이렇게 흩어져버린 마음은 마치 풀린 연처럼 바람 따라 이리저리 흔들린다.

경은 바로 이 흩어진 마음을 제자리로 데려오는 힘이다. 맹자가 말한 '놓아버린 마음을 구한다'는 것도 같은 뜻이다. 경은 지금 하고 있는 일에 온전히 몰입하게 하고, 순간을 깊이 살게 만든다. 책을 읽을 때는 책에, 사람을 만날 때는 그 사람에게, 일을 할 때는 그 일에만 마음을 두는 것이다.

이 습관이 쌓이면, 불필요한 욕심이나 산만함은 저절로 사라진다. 마치 거울을 맑게 닦으면 세상이 뚜렷이 비치듯, 경이 마음을 맑게 하여 세상의 이치를 자연스럽게 깨닫게 한다.

결국 배움이란 흐트러진 마음을 다시 붙잡아 자신에게로 돌아오는 길 위에 있다.

경을 주로 하지 않으면 마음을 보존할 수 없고,
마음을 보존하지 못하면
천하의 이치를 궁구할 수 없으며,
이치를 궁구하지 못하면
사물의 변화를 다스릴 수가 없습니다.
부부에서 시작해서
가정, 국가, 천하에 미치는 것은
다만 선과 악의 나뉨을 밝혀
자신이 성실해지는 데로
돌아가게 하는 데에 있을 뿐입니다.
아래로 사람의 일을 배우고
위로 하늘의 이치에 통하는 것이
또 학문에 나아가는 순서입니다.
사람의 일을 버리고
하늘의 이치를 말하는 것은
곧 입에 발린 이치이며,
자신에게서 돌이켜보지 않고

들어서 아는 것만 많은 것은
곧 귀에 발린 학문입니다.⁶⁵⁾

배움의 시작은 멀리 있는 것이 아니다. 부부 사이의 믿음, 가정에서의 조화, 친구와의 관계 속에서 선과 악을 구분하고, 내 마음을 성실하게 다듬는 것이 첫걸음이다. 이런 작은 실천이 쌓여야 비로소 하늘의 이치와도 통하게 된다.

그런데 우리는 종종 현실의 문제를 외면한 채, 추상적인 이치만 말할 때가 있다. 마치 몸은 움직이지 않으면서 머릿속에서만 마라톤을 완주하는 것처럼, 삶과 동떨어진 지식은 아무런 힘도 없다. 듣기만 해서 쌓은 앎은 귀에만 남고 마음에는 스며들지 않는다.

진짜 학문이란, 나를 단단히 세우고 세상과 연결하는 길 위에 있다. 먼 하늘을 보려면 먼저 발 딛고 선 땅부터 살펴야 한다.

경은 항상 깨어 있는 상태, 곧 '상성성(常惺惺)'이다. 눈을 감고 있어도 마음은 깨어 있고, 몸이 한가해도 정신은 흐트러지지 않는 상태다. 여기에 정성을 다하고 몸가짐을 바르게 하는 '정제엄숙'이 더해진다.

남명이 항상 패용하다가 후에 사랑하는 제자에게 건네주었다는 성성자라는 방울은 바로 이 정제엄숙과 밀접한 관련이 있다. 남명은 제자 김우옹에게 '성성자(惺惺子)'를 건네며 다음과 같이 말했다.

"이것은 맑은 소리가 능히 사람을 깨우쳐 반성하게 한다네. 내가 이것을 매우 소중하게 생각해 왔는데 자네에게 주겠네. 띠 사이에 이것을 매어두면 자네의 동작을 규제하고 경계하고 두려워할 걸세. 이것에게 죄를 얻지 않도록 하게"[66)]

이 방울은 맑은 소리를 내며 사람을 일깨우고 반성하게 만든다고 했다. 허리에 매고 다니면 발걸음이 흔들릴 때마다 소리가 울려, 몸가짐을 단속하고 마음을 경계하게 된다. 이는 곧 몸을 바르게 하면 마음도 바르게 다스려진다는 가르침이었다.

세상을 바로잡는 힘

남명은 고요할 때는 '경한가, 경하지 않은가'를, 움직일 때는 '의로운가, 의롭지 않은가'를 살펴야 한다고 말한다. 경은 내면을 투철하게 세우는 힘이고, 의는 그 마음을 밖으로 드러내는 결단력과 실천력이다. 두 가지가 서로를 비추며 순환할 때, 비로소 마음과 행동이 하나가 된다. 남명은 경에는 두 종류가 있다고 했다. 옳고 그름을 분별하지 못하는 것은 '죽어있는 경'이다. 반대로 '살아있는 경'은 의를 거울삼아 자신을 비추고, 옳고 그름을 가려 행동하는 것이다.

남명은 『맹자』를 읽다가 다음 문구를 보고 깨달은 바가 있다고 말한다.

> "닭이 울면 일어나 부지런히 선을 행하는 것은 순 임금의 무리이고, 닭이 울면 일어나 부지런히 이익을 추구하는 것은 도척의 무리이다. 순임금과 도척의 다른 점을 알려 한다면 다른 데 있지 않다. 바로 이익을 추구하느냐, 선을 행하느냐의 차이에 있다."

남명은 성인이 되느냐, 악인이 되느냐 하는 근원을 "이익만을 추구하느냐, 선을 행하느냐"에 달려 있다고 보았다. 선을 버리고 이익만을 추구하면 속된 장사꾼이 될 뿐이다. 남명은 이익을 탐하지 않고 선을 행하는 것이 바로 자신에게 있는 "밝은 마음"이라고 보았다.[67]

남명이 보기에 선비가 현실정치에 나아가서 뜻을 펴보지도 못하고 이용만 당하다가 실패하는 가장 큰 이유는 두 가지였다. 하나는 권세에 끌리는 것, 다른 하나는 겉모습뿐인 명예에 취하는 것이다.

권세를 탐내어 벼슬자리에 오르는 사람은 그 자리를 빼앗기지 않으려고 상하좌우의 눈치를 보게 되고, 사사로운 이익을 위해 공적인 일을 움직이게 된다. 한편, 허울뿐인 명예에 빠진 사람은 관직은 차지해도 실제로 이뤄내는 일은 없게 된다. 남명은 이런 태도가 선비를 망하게 하고 세상을 그르친다고 보았다.[68]

남명은 비록 벼슬길에 나서지는 않았지만, 상소문을 통해 '의로움'을 실천하고자 했다. 그는 1555년 단성 현감에 임명된 뒤 명종에게 올린 「을묘사직소」에서 관리들이 사사로운 이익을 좇느라 나라 일을 제대로 수행하지 않는 현실을 비판했다.

> 낮은 벼슬아치는 아래에서 히히덕거리면서 주색만을 즐기고, 높은 벼슬아치는 위에서 어름어름하면서 오로지 재물만을 늘리며, 물고기의 배가 썩어 들어가는 것 같은데도 그것을 바로잡으려고 하지 않습니다.

게다가 궁궐 안의 신하는 후원하는 세력 심기를 용이 못에서 끌어들이는 듯하고 궁궐 밖의 신하는 백성 벗기기를 이리가 들판에서 날뛰듯 합니다. 그들은 가죽이 다 해어지면 털도 붙어 있을 데가 없다는 것을 알지 못합니다. 신은 이 때문에 은근히 걱정하고 깊게 생각하면서 낮에는 하늘을 우러러보며 탄식한 것이 여러 차례이고 크게 한탄하면서 아픈 마음을 억제하며 밤에 천장을 쳐다본 지가 오래 되었습니다

　　평소에 조정에서 재물로 사람을 임용하자, 재물만 모이고 백성은 흩어져 버렸습니다. 그래서 마침내 장수의 자격에 합당한 사람은 없고 성에는 군졸이 없어서, 외적이 무인지경에 들어오듯 했으니 이것이 어찌 괴이한 일이겠습니까?[69]

　　남명은 백성들의 어려운 생활을 보고 항상 자기 몸에 병이 있는 것처럼 아파했다. 그리고 이에 관해 말을 할 때에는 오열했으며, 백성들에게 이익이 될 수 있는 일이라면 힘을 다해 청원하였다.[70] 남명이 선조에게 올린 상소문에 이런 마음이 잘 드러나 있다.

엎드려 살펴보니, 전하의 나랏일이 이미 글러 한 가닥도 손댈 곳이 없는데, 모든 관원은 둘러서서 보기만 하고 구원하지 않습니다. 이미 어떻게 할 수 없음을 알고, '어떻게 해야 할까'라고 생각도 하지 않은지가 오랩니다.

만약 전하께서 보고서도 알지 못하신다면 전하의 밝음이 가려진 데가 있는 것이고, 알고서도 혁파할 생각이 없으시면 나라에 주인이 없는 것입니다.

신이 두 번이나 거친 글을 올려서, 헤아릴 수 없이 커다란 임금의 위엄으로써 진작시키지 않으면 백 가지로 헝클어져서 죽 같이 된 형세를 구제할 방법이 없으며, 큰 장맛비로 적셔주지 않으면 7년 가뭄에 시들어진 풀을 윤기 나게 할 방법이 없다고 말씀드렸습니다. 지금 말씀드린 지 여러 해가 지났습니다만, 전하께서 바삐 은혜와 위엄을 내리셔서 기강을 세웠다는 말은 듣지 못했습니다.

늙은 저는 한갓 우로와 같은 은택을 입는 것에 감사드릴 뿐이요, 전하의 성덕이 부족함을 보필할 길이 없어, 삼가 '군의(임금은 의를 실행해야 한다)'라는 두 글자를 바치니, 몸을 닦고 나라를 정돈하는 근본으로 삼으시길 바라옵니다.[71]

임금에게 '군의'라는 두 글자를 바치는 그의 결기와 간곡함이 절절히 전해진다. 남명은 임금이 몸과 마음을 바르게 수양해 왕도 정치를 실현하기를 간절히 바랐고, 이익만을 좇는 관리가 아니라 공익을 세우는 관리들이 조정에서 제 역할을 다하기를 염원했다. 이러한 뜻을 전하기 위해, 그는 "죽음을 무릅쓰고" 상소를 올렸던 것이다.

"자신의 이익보다 의를 중시하는" 남명의 정신은, 제자들로 하여금 벼슬의 안락함보다 나라의 위기를 먼저 생각하게 했고, 왜적이 침략하자 의병의 깃발을 들게 한 힘이 되었다.

남명은 조선 선비정신을 대표하는 인물로 꼽힌다. 그는 자신이 속한 시대를 적극적이면서도 비판적으로 읽어내는 안목을 지녔으며, 이를 바탕으로 뚜렷한 출처의식을 드러냈다. 나아가 일상의 실천을 통해 경과 의를 구현하며 모범을 보였다는 평가를 받는다.[72]

제9장

> 감정을 어떻게
> 조절해야 할까?

다정한 유학자, 퇴계

조선 중기의 학자 퇴계 이황은 7남 1녀 중 막내로 태어났다. 8살 무렵, 형이 칼에 손을 다쳐 피가 흐르자 울며 달려와 상처를 붙잡았다. 어머니가 그 광경을 보고 기이하게 여겨서, "정작 손을 다친 형은 울지 않는데 네가 왜 우느냐?"라고 물었다. 퇴계는 여전히 울면서 이렇게 대답하였다. "형은 나보다 나이가 많아서 울지는 아니하나, 피가 이렇게 흐르는데 어찌 아프지 아니하겠습니까?" 퇴계의 다정한 성품을 보여주는 일화이다.

『퇴계언행록』에는 자기반성의 고백이 기록되어 있다.
"내가 처음 과거에 합격하던 해에 여러 사람에게 이끌려 날마다 술 마시고 놀러 다니느라 조금도 겨를이 없었다. 밤에 돌아와서 생각하니 부끄러운 마음이 들지 않을 수 없었다. 번잡하고 흥겨운 데서 사람의 성정이 바뀐다." "어느 잔치 자리에서 기생들이 눈앞에 가득 있어서 문득 기쁘고 즐거운 마음이 생겼다. 비록 힘써 욕망을 억제하여 구렁텅이로 빠지는 지경은 면하였으나 이러한 기회가 바로 살고 죽는 갈림길인 것이다. 어찌 조심하지 않을 손가."

1534년 문과에 급제한 후 퇴계는 계속해서 관직을 수행하였다. 퇴계는 영남학파를 이루었으며, 조선 성리학을 완성하여 '동방의 주자'라는 칭호를 받았다.[73]

자기관리를 위한 지혜

1. 집중의 힘을 잃지 말라
   목표를 정했으면 흔들림 없이 몰입하라.
   여기저기 기웃거리기보다 한 길을 끝까지 파라.
   꾸준한 집중이 결국 성취를 만든다.

2. 삶의 태도를 단정히 하라
   작은 습관과 태도 속에 당신의 품격이 드러난다.
   가벼움보다 성실과 책임감을 우선하라.
   자신을 다스리는 힘이 곧 신뢰를 만든다.

3. 항상 깨어 있으라
   무심코 흘려보내지 말고 순간순간을 의식하라.
   생각과 행동을 늘 성찰하며 주인으로 살아라.
   깨어 있는 마음이 삶을 깊게 만든다.

감정을 어떻게 조절해야 할까?

조선을 달군 치열한 논쟁

하루에도 우리는 수없이 많은 감정을 경험한다. 아침 출근길에 마주한 따뜻한 인사에 기뻤다가, 점심 무렵에는 누군가의 말에 서운해지고, 저녁에는 뜻하지 않은 일로 화가 나기도 한다. 이렇게 즐거움, 슬픔, 미움, 분노 같은 감정들은 순식간에 일어났다 사라지기를 반복한다. 그래서일까, 사람들은 예로부터 감정에 대한 관심이 깊었다.

조선 시대의 성리학자들도 인간의 마음, 특히 '감정'의 문제에 깊은 관심을 보였다.

유학에서는 사람의 감정을 크게 두 종류로 구분한다.

하나는 도덕적인 감정인 '사단(四端)', 다른 하나는 일상에서 경험하는 다양한 감정인 '칠정(七情)'이다. 사단은 측은지심, 수오지심, 사양지심, 시비지심과 같이 순수하게 선한 감정을 뜻한다. 한편 칠정은 기쁨, 분노, 사랑, 두려움, 슬픔, 미움, 욕구를 가리킨다. 칠정은 상황에 따라서 선이 되기도 하고, 악이 되기도 하는 감정이다.

인간의 마음에서 감정은 매우 중요한 자리를 차지한다. 스스로 감정을 잘 다스릴 수 있는가, 아니면 감정에 끌려가고 마는가에 따라 한 사람의 인격과 인생이 달라지기 때문이다. 사단칠정논쟁은 바로 이 감정에 대한 깊이 있는 성찰과 치열한 논의의 장이었다.

사단과 칠정은 같은 뿌리에서 비롯된 것일까, 아니면 전혀 다른 근원에서 비롯된 것일까? 이러한 물음에서 출발한 것이 조선 성리학의 대표적 논쟁, 바로 '사단칠정논쟁'이다.

사단과 칠정을 이와 기의 관점에서 설명하며 논쟁의 불씨를 지핀 것은 정지운의 『천명도해』였다. 『천명도해』는 정지운이 동생을 가르치기 위해 성리학의 기본 개념을 그림으로 그리고 그에 대한 해설을 덧붙인 책이다. 퇴계는 세간에 유포되던 『천명도해』를 읽고 그 속에서 오류를 발견하였고, 이를 바로잡기 위해 정지운을 직접 만나 토론한 끝에 수정본을 확정했다.

그러나 이 수정본의 내용을 두고 고봉 기대승이 비판의 글을 보내오면서, 사단칠정논쟁이 시작되었다.[74)]

퇴계는 인간의 마음에서 사단의 감정이 비롯되는 근원과 칠정의 감정이 비롯되는 근원은 서로 다르다고 보았다. 이에 대해 고봉은 사단과 칠정이 본질적으로는 하나의 감정이며, 다만 상황에 따라 다른 모습으로 드러날 뿐이라고 반박했다. 그는 칠정 속에 이미 사단이 포함되어 있다고 주장한 것이다.

착한 감정의 뿌리

길을 가다 무거운 짐을 들고 힘겹게 걷는 할머니를 보면, 안쓰러운 마음이 든다. 길에서 넘어져 우는 아이를 보면, 그냥 지나칠 수 없다. 우리는 이렇게 어려운 처지에 놓인 사람을 보면, 도와주고 싶은 마음이 절로 생긴다. 이런 마음을 측은지심이라고 한다. 측은지심은 순수하게 선한 감정이다.

퇴계는 측은지심과 같은 선한 감정은 이(理)에서 비롯된다고 했다. 마음속의 올바른 원리인 인의 덕이 먼저 작동하고, 여기에 각자의 기질에 따라 행동으로 이어진다는 것이다. 그래서 사단은 처음부터 순수하게 선하고, 악한 면이 섞일 수 없다.

반면 칠정의 감정은 기(氣)에서 먼저 일어난다. 예를 들어, 누군가 내 앞에서 새치기를 하면 화가 치밀어 오를 수 있다. 이때는 분노라는 감정이 먼저 올라오고, 그 위에 이치가 얹혀져 "이 상황에서 어떻게 행동하는 것이 옳은가"를 판단하게 된다. 화를 참아내며 차분히 말로 상황을 바로잡을 수도 있고, 이성을 잃고 언성을 높일 수도 있다. 칠정은 이렇게 선하게도, 악하게도 흐를 수 있다.

> 사람은 말이 없으면 출입을 못하고
> 말은 사람이 없으면 궤도를 벗어나게 됩니다.
> 사람과 말은 서로 기다리며
> 떨어지지 않는 관계입니다.
> 사람이 가는 것만 가리켜 말하면
> 타고 있는 말은 꼭 함께 말하지 않더라도
> 그 속에 포함됩니다.
> 사단의 경우가 이것입니다.
> 말이 가는 것만 가리켜 말하면
> 사람은 꼭 말하지 않더라도 그 속에 포함됩니다.
> 칠정의 경우가 이것입니다.[75]

승마에 비유하자면 기(氣)는 말이고, 이(理)는 말을 모는 사람이라고 할 수 있다. 말은 사람의 지시에 잘 따를 수도 있고, 거역할 수도 있다. 말을 모는 사람이 어떻게 하느냐에 따라 결과가 달라진다. 말을 잘 다스리면 칠정은 선한 감정이 되지만, 그렇지 못하면 악으로 흐를 수 있다.

도움이 필요해 보이는 사람 앞에서 저절로 손을 내밀고 싶어지는 순간이 있다. 이런 마음은 본래의 선한 본성에서 비롯된 것으로, 사람 안에 내재된 순수한 선의 표현이라 할 수 있다.

그러나 억울한 일을 당하거나 누군가 무례한 행동을 했을 때 불쑥 올라오는 분노, 시기, 질투와 같은 감정은 순간적인 기질적 반응에 가깝다. 같은 상황이라도 어떤 이는 금세 화를 내고 어떤 이는 차분히 넘기듯, 감정의 폭은 사람마다 기질에 따라 다르게 드러난다.

퇴계는 이러한 감정을 무조건 억누르거나 없애라고 하지 않았다. 오히려 감정이 일어날 때 곧바로 행동으로 옮기지 말고, 그 속에 담긴 이치를 먼저 살펴보라고 일깨웠다.

화가 치밀어 오를 때 단 한순간이라도 숨을 고르고, 이성의 눈으로 상황을 바라본다면 그 감정은 무모한 행동으로 이어지지 않고 오히려 지혜로운 선택으로 바뀔 수 있다. 순간의 분노가 대립과 갈등을 낳을지, 아니면 관계를 바로잡는 기회가 될지는 바로 그 짧은 호흡 속에서 결정되는 것이다.

선한 마음은 주저하지 말고 실천해야 하지만, 순간의 감정은 반드시 이성의 빛으로 비추어 보아야 한다. 그렇게 할 때 비로소 우리는 감정의 노예가 아니라 마음의 주인으로 서게 된다. 퇴계의 가르침은 우리에게 자기 성찰의 길을 제시한다. 선한 본성을 믿고, 감정을 이치로 다스리며 살아갈 때, 우리는 비로소 더 나은 사람으로, 더 나은 삶을 살아갈 수 있다.

감정을 다스리는 방법

퇴계는 사단의 감정은 본래 순수하게 선하여 악이 없다고 보았다. 그러나 태양이 구름에 가려 빛을 잃듯, 사단도 기질의 영향을 받아 그 순수함이 가려지면 불선함이 드러날 수 있다고 하였다.

반면 칠정의 감정은 절도에 맞으면 선이 되지만, 절도에 맞지 않으면 악으로 흐른다. 따라서 사단의 선함이 가려지지 않도록 하고, 칠정이 절도에 맞게 발현되도록 하려면 끊임없는 수양이 필요하다.

성리학자들은 마음을 바르게 다스리기 위한 수양을 특히 강조했다. 주희는 하늘로부터 부여받은 선한 마음을 지키기 위해서는 무엇보다 '경(敬)'의 자세가 중요하다고 보았다. 경이란 마음을 흐트러뜨리지 않고 한곳에 집중하며, 정신을 맑고 또렷하게 유지하는 태도를 뜻한다.

> 경건함을 유지하는 공부는
> 이치를 궁구하는 공부의 근본이다.
> 이치를 밝게 궁구하는 것도
> 마음을 기르는 데 도움이 된다.[76]

> 배우는 사람의 공부는 오직 경건함에 머물고
> 이치를 궁구하는 두 가지 일에 있다.
> 그 두 가지 일은 서로 드러나게 한다.
> 이치를 궁구할 수 있으면
> 경건함에 머무는 공부가 나날이 향상되고,
> 경건함에 머물 수 있으면
> 이치를 궁구하는 공부가 나날이 정밀해진다.
> 비유컨대, 사람의 두 발 가운데
> 왼쪽 발이 나가면 오른쪽 발이 멈추고,

오른쪽 발이 나가면 왼쪽 발이 멈추는 것과 같다.

그 실제는 단지 하나의 일에 불과하다.[77]

퇴계는 주희가 강조한 경(敬) 사상을 자신의 수양론에 적극 반영했다. 퇴계에게 경은 마음을 바로 세우는 근본이었다. 그는 경을 통해 사사로운 욕망을 다스리고 도덕적 판단을 지킬 수 있다고 보았다. 그래서 평생 경을 학문의 핵심이자 실천의 기준으로 삼았다.

> 무릇 마음이란 한 몸을 주재하는 것이고,
> 경이란 또한 한 마음을 주재하는 것이다.
> 배우는 사람들이 주일무적의 설이라든가, 정제엄숙의 설과
> 마음을 수렴하고 항상 또렷한 정신 상태로 있어야 한다는
> 설을 깊이 궁구한다면 그 공부가 더할 나위 없게 되어,
> 성인의 경지에 충분히 들어가는 것도
> 어렵지 않을 것이다.[78]

경은 마음을 제멋대로 흐르지 않게 하고, 올바른 방향으로 다스리는 힘이다. 퇴계는 경을 이루는 핵심 요소로 정제엄숙, 주일무적, 상성성을 들었다.

정제엄숙은 몸가짐과 태도를 단정히 하는 것이다. 바른 마음은 바른 몸가짐에서 시작된다. 책상 앞에 앉을 때 허리를 곧게 펴고, 불필요한 물건을 치워 주변을 정리하는 단순한 행동도 마음을 수렴하게 한다. 단정한 복장과 정돈된 환경은 마음에게 '지금은 집중해야 할 때, 바르게 살아야 할 때'라는 신호를 보낸다. 작은 습관 같지만, 이렇게 시작된 하루는 마음의 흐트러짐을 줄이고 행동의 품격을 높인다.

주일무적은 마음을 한 곳에 집중하여 잡념이 끼어들지 않게 하는 것이다. 우리의 마음은 늘 쉼 없이 움직인다. 어제 있었던 일, 내일의 계획, 사소한 걱정과 기분들이 몰려와 한순간도 가만있지 않는다. 그러나 주일무적은 이 산만한 흐름을 거두고, 지금 해야 할 일이나 지켜야 할 원칙에만 온전히 머물게 한다.

상성성은 항상 깨어 자기 마음을 살피는 것이다. 한 번의 결심이 평생 이어지지는 않는다. 순간의 감정이나 외부의 유혹은 언제든 마음을 흐트러뜨릴 수 있다. 상성성은 '내 마음이 지금 어디로 향하고 있는가'를 끊임없이 알아차리는 자각이다. 화가 날 때나 욕심이 올라올 때, '이 감정이 도리에 맞는가?' 하고 즉시 스스로에게 묻는 것이 상성성이다. 이를 통해 감정에 휩쓸리기 전에 멈추고, 다시 바른 방향으로 마음을 되돌릴 수 있다.

정제엄숙이 바른 시작을 만들고, 주일무적이 집중을 지키며, 상성성이 그 집중과 바름을 끝까지 유지하는 힘이 된다.

이 세 가지가 함께할 때, 마음은 흔들리지 않고, 하루는 온전히 자기 뜻과 원칙 속에서 흘러간다. 결국 경은 마음을 바르게 유지하는 실천적 기술이다. 경이 서면 몸은 안정되고, 생각은 한결 깊어지며, 감정은 절도 안에 머문다. 이것이 곧 마음공부의 완성이다.

퇴계와 같은 16세기 조선의 유학자들은 정치적 혼란 속에서도 인간의 마음을 깊이 탐구함으로써 사회 문제를 해결하고자 했다. 그들은 여러 사회적 문제의 근본 원인이 인간의 마음에 있다고 보았다.[79] 그래서 마음의 본성을 밝히고 바른 길로 이끌어 도덕적으로 올바른 사람을 길러내는 일을 중요한 과제로 삼았다.

제10장

> **겉과 속이 일치하는 삶은
> 어떻게 가능할까?**

| 행동하는 지성, 율곡 |

이이는 조선 중기의 학자로, 호는 율곡이다. 그는 어려서부터 총명함이 남달랐다. 세 살 때 외할머니가 석류에 대해 묻자, 옛 시를 인용하여 "석류 껍질이 부서진 붉은 구슬을 싸고 있네."라고 대답해 주위를 탄복하게 했다.
율곡은 효심이 지극했다. 열한 살 때 아버지가 위중한 병에 걸리자, 그는 자신의 팔을 찔러 나온 피를 아버지의 입에 흘려 넣었다. 또 조상의 사당에 들어가 아버지 대신 자신이 죽게 해 달라고 빌었다. 그의 지극한 정성 덕분인지 아버지의 병은 곧 회복되었다고 한다.
열여섯 살 때 어머니 신사임당이 세상을 떠나자, 율곡은 무덤 옆에 여막을 짓고 3년 동안 정성껏 시묘살이를 했다.
시묘를 마친 열아홉 살 무렵에는 금강산에 들어가 1년간 불교를 공부했으나, 이듬해 하산하여 '자경문'을 짓고 다시 성리학에 전념하였다. 율곡은 아홉 번이나 과거에 급제하여 '구도장원공'이라 불렸다.
율곡은 현실 정치에 참여하여 정치, 경제, 교육, 국방 등의 묵은 제도들을 개혁하고자 애썼다. 그의 이런 개혁 정신은 실학사상의 형성에 영향을 준다.[80]

| 인생을 망치는 8가지 나쁜 습관 |

1. 편안함만 추구하는 태도
불편함을 피하려고 예의나 원칙을 무시하고, 자기 편한 대로만 살려는 습관

2. 쓸데없는 말로 시간 낭비하기
아무 생각 없이 모임을 기웃거리며 잡담만 하다가 하루를 흘려보내는 습관

3. 남의 눈치를 지나치게 보는 태도
비슷한 것을 좋아하고 다른 것을 싫어하며, 유행에 휩쓸리며, 다른 사람의 시선을 두려워하는 습관

4. 겉멋 든 지식 뽐내기
조금 아는 것을 과장해서 인정받으려 하고, 남의 생각을 베껴 자기 것인 양 꾸며내는 습관

5. 의미 없는 오락에 빠져 지내기
게임, 술자리 같은 데만 매달리며 시간을 흘려보내는 습관

6. 과식과 다툼에 빠진 삶

   먹고 마시는 즐거움에만 몰두하고, 사소한 일에도 쉽게 다투는 습관

7. 과시적 소비와 비교 의식

   부자를 부러워하고, 평범한 옷차림이나 소박한 생활을 부끄러워하는 습관

8. 끝없는 욕심과 절제 부족

   하고 싶은 대로만 하면서 옳고 그름을 구별하지 못하고, 화려한 것만 좇는 습관

겉과 속이 일치하는 삶은 어떻게 가능할까?

감정 사용법

스물세 살 되던 봄, 율곡은 퇴계 선생을 찾아갔다. 한국 성리학을 대표하는 두 거장이 처음으로 만나는 역사적인 순간이었다. 쉰여덟의 노학자 퇴계는 장래가 촉망되는 젊은 학자를 따뜻하게 맞이했고, 율곡은 퇴계의 높은 인격과 깊은 학식에 크게 감복했다.

퇴계는 사단과 칠정이 서로 다른 근원에서 나온다고 보았다. 사단은 이(理)에서 나오고, 칠정은 기(氣)에서 나온다고 하였다. 그러나 율곡은 고봉 기대승의 주장을 이어받아 사단과 칠정이 같은 근원에서 비롯된다고 주장하였다. 그는 사단이든 칠정이든 모두 기에서 나오며, 칠정이라는 일반적인 감정 속에 사단이라는 도덕적인 감정이 포함되어 있다고 말한다.

> 사단은 선한 정의 다른 이름일 뿐이며
> 칠정을 말하면 사단이 그 안에 있는 것이다.
> 칠정이 이미 사단을 그 안에 포함하고 있다면,
> 사단을 칠정이 아니라거나
> 칠정을 사단이 아니라고 말할 수 없으니,
> 두 측면으로 나눌 수 없다.[81]

> 사단을 칠정에 적용한다면, 측은지심은 애에 속하고,
> 수오지심은 오에 속하고, 공경지심은 구에 속하고,
> 시비지심은 마땅히 기뻐하고 노여워하느냐
> 또는 그렇지 않느냐를 아는 정에 해당한다.
> 칠정의 밖에 또 다른 사단은 없다.[82]

사람은 태어날 때부터 다양한 감정을 품고 살아간다. 기쁨, 분노, 사랑, 두려움, 슬픔, 미움, 욕구와 같은 감정, 곧 칠정은 우리의 삶 곳곳에서 자연스럽게 드러난다. 그러나 이러한 감정이 언제나 좋은 결과를 낳는 것은 아니다. 율곡은 이 점을

주목하여, 감정이 도리에 맞게 쓰일 때 비로소 사단이라는 선한 마음으로 승화된다고 설명하였다.

측은지심은 사랑이라는 감정에서 드러난다. 친구가 다쳐 아파하는 모습을 보았을 때, 마음속에서 불쌍히 여기는 감정이 일어난다. 이때의 사랑은 어려운 이를 돕고자 하는 따뜻한 마음으로 변한다. 이는 칠정이 사단으로 발전하는 대표적인 모습이다.

수오지심은 분노와 미움 속에서 빛을 발한다. 학교에서 힘센 학생이 약한 학생을 괴롭히는 장면을 목격했다고 하자. "그건 옳지 않다"라는 생각과 함께 미운 마음이 뒤따른다면, 그것은 도리에 맞는 분노다. 바로 불의를 미워하는 수오지심이다. 그러나 사소한 일에 과도하게 화를 내어 관계를 해친다면, 그 분노는 도리에 맞지 않아 단순한 칠정에 머무른다.

공경지심은 두려움의 감정에서 비롯된다. 단순히 무서워 떠는 두려움이 아니라, 도리를 어기거나 예(禮)를 잃었을 때 스스로 부끄럽고 두려워하는 마음이다. 어른 앞에서 말과 행동을 조심하는 것은 '혼날까 두려워서'가 아니라, 예를 잃으면 상대를 불편하게 하고 나 자신 또한 부끄러워질 것을 알기 때문이다. 이러한 두려움이 바로 공경지심이다. 즉, 두려움이

예를 지키는 힘으로 전환될 때, 그것은 자신을 삼가고 남을 공경하는 자세가 된다.

시비지심은 옳고 그름을 분별하는 감정이다. 예를 들어, 누군가가 치열한 연구 끝에 진리를 밝혀냈을 때 기뻐하고 감탄한다면, 이는 도리에 맞는 것이다. 또한, 근거 없는 가짜뉴스가 퍼져 사람들을 속이는 모습을 보고 분노한다면, 이는 잘못된 것을 분별하고 바로잡으려는 마음이다. 시비지심은 바로 이런 순간에 드러난다.

이처럼 사단은 칠정과 별개로 존재하지 않는다. 사랑이 측은지심으로, 분노가 수오지심으로, 두려움이 공경지심으로, 기쁨과 분노가 시비지심으로 나타날 때, 우리는 감정을 바르게 쓰고 있는 것이다.

율곡은 이렇게 칠정 속에 사단이 포함되어 있다고 보았다. 칠정은 사단을 품은 더 큰 범위의 감정이며, 사단은 칠정의 선한 모습일 뿐이다. 결국 사단과 칠정은 서로 다른 것이 아니라, 같은 뿌리에서 나온 감정의 두 얼굴인 것이다.

같은 원리, 다른 방식

우리가 살아가는 세상에는 눈에 보이는 것과 보이지 않는 것이 함께 존재한다. 율곡은 이가 세상의 원리이자 이치로서 무형 무위하다고 보았다. 즉, 이는 스스로 움직이지 않는 것이며, 단지 기가 움직일 수 있는 근거와 방향을 제시할 뿐이다. 반면 기는 실제로 운동성을 지닌 것이어서 눈에 보이는 모든 변화와 현상은 기가 움직이면서 드러난다고 하였다.

비유하자면, 이(理)는 지도와 같고 기(氣)는 발걸음과 같다. 지도는 방향을 알려주지만 혼자서 움직이지는 못한다. 실제로 길을 가는 것은 발걸음이고, 우리는 발걸음을 통해 목적지에 도달한다. 그러나 지도가 없으면 발걸음은 방향을 잃고 헤매게 된다. 이처럼 이는 기가 바르게 나아가도록 하는 원리이고, 기는 세상 속에서 실제로 움직이며 모습을 드러내는 힘이다.

율곡은 이는 형태가 없는 원리이기 때문에 어디에서나 통하고, 기는 형태로 제한되어 있기 때문에 각각의 개체마다 국한되어 나타난다고 한다.

이와 기는 원래 서로 분리되지 않아

마치 하나의 것 같으면서도 다른 이유는

이가 무형이지만 기는 유형이고,

이는 무위하지만 기는 유위하기 때문이다.

무형하고 무위하여

유형과 유위의 주가 되는 것은 이요

유형이고 유위하여

무형과 무위의 그릇이 되는 것은 기이다.

이는 형체가 없지만 기는 형체가 있기 때문에

이는 통하고 기는 국한된다.[83]

여기 모양이 다른 그릇이 있다. 네모난 그릇, 둥근 그릇, 세모난 그릇에 물을 부어보자. 각 그릇의 형태에 따라 네모난 모양, 둥근 모양, 세모난 모양으로 달라진다. 그렇지만 물의 성질은 달라지지 않는다. 그릇의 모양과 상관없이 물의 성질은 동일한 것이다. 그릇의 모양과 상관없이 물의 성질이 동일한 것은 이통(理通)으로 인한 것이고 그릇의 모양에 따라 물의 모양이 달라지는 것은 기국(氣局)으로 인한 것이다.

사람의 성이 사물의 성이 아닌 것은 기국이요,

사람의 이가 곧 사물의 이인 것은 이통이다.

모나고 둥근 그릇은 같지 않지만

그릇 속의 물은 한 가지요,

크고 작은 병은 같지 않지만

병 속의 공간은 한 가지이다.

기의 근본이 하나인 것은

이의 통함 때문이요,

이가 만 가지로 나뉘는 것은

기의 국한됨 때문이다. [84]

    가을이 오면 나무에 단풍이 드는 것은 공통된 이치다. 그러나 은행나무는 노랗게, 단풍나무는 붉게, 플라타너스는 갈색으로 물든다. 단풍이 든다는 이치는 같지만, 각 나무의 기질에 따라 색깔이 다르게 드러나는 것이다.

    또 구름이 무겁게 드리우고 날씨가 추워지면 눈이 내린다. 눈이 내린다는 이치는 같지만, 기운에 따라 함박눈이 내리기도 하고, 싸락눈이나 진눈깨비로 내리기도 한다.

    이처럼 이치는 두루두루 통하지만, 그것이 구체적으로 드러나는 모습은 개체마다의 기질과 기운에 따라 달라진다. 이것이 바로 율곡이 말한 이통기국설이다.

이통기국설은 이와 기의 관계를 구체적 현상에 연결해 설명한 율곡 특유의 성리학 해석으로, 그의 사상의 독창성을 잘 보여준다.

사람은 모두 각기 다른 방식으로 살아간다. 어떤 이는 밝고 활달하며, 또 어떤 이는 차분하고 조용하다. 누군가는 어려운 환경 속에서 자라고, 또 다른 누군가는 풍족한 환경에서 성장한다. 이처럼 살아온 배경과 성격, 상황이 다르기 때문에 같은 원칙을 따른다고 해도 드러나는 모습은 조금씩 달라질 수밖에 없다.

율곡이 말한 이통기국설 역시 같은 뜻을 전한다. 이치는 누구에게나 통하지만, 그것이 나타나는 방식은 각자의 기질과 환경에 따라 달라진다는 것이다. 따라서 우리는 나와 다른 사람을 보며 "왜 저 사람은 나와 같지 않을까?"라고 생각하기보다, "저 사람은 저렇게 같은 원칙을 실현하고 있구나"라고 이해할 필요가 있다.

그러나 단순히 차이를 인정하는 것만으로는 부족하다. 우리가 함께 살아가기 위해서는 모두가 공유할 수 있는 공통된 원칙이 필요하다. 단풍잎의 색깔은 저마다 달라도, '가을이면 단풍이 든다'는 이치는 동일하듯, 인간 사회에도 누구나 지켜야 할 도리와 가치가 존재한다. 다만 그 원칙을 실천할 때는 각자의 상황에 맞게 조금씩 다른 방식으로 적용해야 한다.

율곡의 가르침은 오늘의 우리에게 서로의 차이를 존중하면서도 함께 지켜야 할 원칙을 세우는 지혜를 일깨워준다.

나를 바르게 세우는 공부

사람답게 살아가기 위해 가장 필요한 것은 무엇일까. 율곡은 그 답을 '배움'에서 찾았다.

우리가 배우지 않으면 마음은 쉽게 욕심으로 흐르고, 옳고 그름의 기준은 흐려진다. 그래서 책을 읽고 이치를 생각하며 삶의 길을 가다듬는 노력이 필요하다. 그래야 중심을 잃지 않고 바른 길을 걸을 수 있다.

문제는 많은 사람들이 학문을 너무 높고 어려운 것으로 여긴다는 점이다. "내가 할 일은 아니다"라며 미루거나 아예 포기하기도 한다. 하지만 학문은 허공에 있는 이상이 아니다. 오늘 우리가 하는 작은 실천 속, 한 걸음의 노력 속에 살아 있다.

율곡은 학문이란 나를 더 좋은 사람으로 만들고, 다른 사람과 더불어 살아가는 힘을 기르는 과정이라고 한다. 인간의 본성은 본래 선하므로, 예나 지금이나 지혜롭고 어리석음에 본질적인 차이가 없다. 그렇다면 성인은 무엇 때문에 성인이 되었으며, 나는 왜 여전히 평범한 사람으로 머무는 것일까? 그 까닭은 단순하다. 뜻을 확고히 세우지 못하고, 앎을 분명히 하지 못하며, 행실을 성실히 지키지 못했기 때문일 뿐이다.

결국 학문의 길은 다른 데 있는 것이 아니라 오직 내 마음가짐에 달려 있다.

> 자기 몸을 이겨나가는 공부는
> 날마다 행동하는 일을 삼가는 것보다
> 더 소중한 것이 없다.
> 자기 몸이란 내 마음이 좋아하는 것이
> 천리에 맞지 않는 것을 말함이다.
> 그런즉 반드시 내 마음을 반성하고 살펴서
> 내가 여색을 즐기지나 않는가,
> 이익을 좋아하지나 않는가,
> 명예를 탐내지나 않는가,
> 벼슬을 바라지나 않는가,
> 안일한 것을 희망하지나 않는가,
> 잔치하고 노는 것을 좋아하지나 않는가,

신기하고 볼만한 물건을 갖고 싶어 하지나 않는지 알아보아야 한다.[85]

율곡은 사람이 아무리 학문에 뜻을 두었다 해도, 용감하게 나아가 성취하지 못하는 까닭은 오래된 습관 때문이라고 한다. 게으름과 미루는 버릇, 편안함을 좇는 습관이 결심을 무너뜨리고 가로막는다. 이런 습관은 뜻을 굳게 지키지 못하게 하고, 행실을 돈독히 하지 못하게 하여, 오늘 다짐한 것을 내일 잊어버리게 한다. 아침에 후회한 것을 저녁이면 다시 반복하는 것도 이 때문이다.

따라서 학문을 하고자 한다면, 반드시 큰 결심으로 과감히 분발해야 한다. 마치 칼로 뿌리를 단칼에 잘라내듯, 옛 습관을 끊어내야 한다. 그리고 마음을 맑게 씻어내어, 조금의 흔적도 남지 않게 해야 한다. 여기에 그치지 않고, 날마다 자신을 돌아보고 크게 반성하는 공부를 더해야 한다. 그래야만 마음속에서 옛날의 흔적이 완전히 사라지고, 비로소 진정한 학문의 길에 나아갈 수 있다.

율곡은 마음을 닦는 데 있어 가장 해로운 것은 말이 많고 생각이 산만한 것이라고 했다. 말과 생각이 쓸데없이 흩어지면 마음은 고요함을 잃고, 결국 자신을 다스릴 힘도 잃게 된다.

그래서 그는 일이 없을 때는 조용히 앉아 마음을 지키고, 사람을 만날 때는 말을 아끼고 신중하게 하라고 했다. 필요할 때만 꼭 맞는 말을 하면 그 말은 간결하고 힘이 있으며, 도리에 가까워진다.

무엇보다 중요한 것은 겉과 속이 한결같은 삶이다. 남 앞에서는 예의를 차리지만 혼자 있을 때는 느슨해지고, 공적인 자리에서는 신중하지만 혼자일 때는 아무렇게나 행동하는 경우가 많다. 하지만 율곡은 깊은 곳에 있을 때도 마치 사람들이 다 지켜보는 듯이, 혼자 있을 때에도 마치 여럿이 함께 있는 듯이 마음을 다스려야 한다고 했다. 진정한 수양은 바로 남이 보지 않을 때 드러난다. 혼자 있을 때도 바르게 선 사람만이 밖에서도 당당할 수 있다.

율곡은 벗을 사귈 때 반드시 배움을 좋아하고, 선을 좋아하며, 바르고 정직한 사람을 택하라고 했다. 그런 사람과 함께 하면 내 결점을 돌아볼 수 있고, 때로는 충고와 경계로 나를 바로잡아 주기 때문이다. 반대로 게으르고 놀기 좋아하며, 아첨에 능하고 말재주만 좋은 사람이라면 사귀지 않는 것이 옳다. 그런 벗은 나를 더욱 나태하게 만들 뿐이다.

또한 세상에는 나를 헐뜯거나 비방하는 사람이 있기 마련이다. 그럴 때 율곡은 먼저 스스로를 돌아보라고 했다. 만약 실제로 잘못이 있다면 과감히 고쳐야 한다. 비록 작은 잘못이라도 누군가의 말 속에 씨앗처럼 지적될 수 있다면, 그 뿌리를 남김없이 제거해야 한다.

그러나 나에게 본래 허물이 없는데 거짓된 말이 날아든다면, 그것은 그저 망령된 소리에 불과하다. 헛된 비방은 바람이 스쳐 지나가듯, 구름이 허공을 떠다니듯 사라질 뿐이다. 그런 말에 휘둘릴 필요가 없다.

중요한 것은 좋은 벗을 가까이 두고, 나를 꾸준히 성찰하며, 쓸데없는 말에 흔들리지 않는 마음이다. 이 세 가지를 지키는 것이야말로 흔들림 없는 삶을 살아가는 길이다.

4부

다름을 품어내는 지혜

제11장

"
갈등은 어떻게 조화로
나아갈 수 있는가?
"

| 파격의 수행자, 원효 |

젊은 시절 원효는 화랑으로 활약하다가 뒤늦게 출가하였다. 그는 의상과 함께 당나라 유학길을 떠났으나, 도중에 토굴에서 하룻밤을 묵다가 깨달음을 얻고는 발길을 돌렸다.
그의 설법은 귀족들뿐만 아니라 민중에게도 널리 퍼졌다. 원효의 걸림 없는 가르침 덕분에 가난한 이와 아이들까지도 부처님의 이름을 알게 되었고, 함께 '나무아미타불'을 염송하였다.
요석 공주와의 사이에서 설총을 낳은 일도 이때의 일이었다. 원효가 "누가 나에게 자루 빠진 도끼를 줄 것인가. 내가 하늘 고일 기둥을 깎고자 한다."는 노래를 부르며 다녔다고 한다. 이에 태종 무열왕이 그가 신라의 큰 인재를 산출할 뜻임을 알아 백제의 전쟁터에서 남편을 잃고 혼자 된 요석궁의 공주에게 안내하여 설총을 낳았다고 한다.
원효의 이런 행적으로 인하여 그를 파계승이라고 비웃는 사람들도 있었지만 그는 개의치 않았다. 원효는 형식적이고 낡은 종교적 관습에서 벗어나 대자유인으로서 걸림 없이 살아갔다.[86]

| 갈등을 풀어가기 위한 지혜 |

1. **한마음을 기억하라**
   모양은 달라도 마음의 근원은 하나다.
   나와 너의 마음이 다르지 않음을 알 때, 갈등은 이해로 바뀐다.

2. **서로의 생각에 귀를 기울여라**
   갈등은 누가 옳고 누가 틀렸는지가 아니라, 서로 다른 관점이 만나 생겨나는 것이다. 상대의 말에도 나름의 이유가 있다는 걸 인정하고 귀를 기울이면 마음이 열린다.

3. **진짜 중요한 것에 집중하라**
   작은 이익이나 감정에 매이지 말고, 더 큰 목표와 가치를 함께 바라볼 때 갈등은 풀릴 길이 생긴다.

갈등은 어떻게 조화로 나아갈 수 있는가?

🌿 마음에서 모든 것이 비롯된다

　신라 시대의 승려들은 불교를 배우기 위해 당나라로 유학을 떠나곤 했다. 원효도 그 길을 꿈꾸었다. 34세에 첫 유학길에 나섰으나 고구려 수비대에 가로막혀 뜻을 이루지 못했고, 45세가 되던 해 다시 길을 나섰다.

　당나라로 향하던 길, 원효는 거센 비바람에 발길을 멈추고 몸을 피할 곳을 찾았다. 그러다 작은 토굴을 발견해 들어갔고, 피로에 지쳐 곧 깊은 잠에 빠졌다.

　한밤중, 갈증에 눈을 뜬 원효는 어둠 속을 더듬다가 바가지를 발견했다. 그 안에는 시원한 물이 고여 있었다. 그는 물을 마신 뒤 갈증을 풀고 다시 잠들었다.

이튿날 아침, 눈을 뜬 원효는 자신이 있던 곳이 무덤임을 알아차렸다. 간밤에 단물처럼 마셨던 그 물은 해골 바가지에 고여 있던 빗물이었던 것이다. 그 모습을 본 원효는 연신 구토를 했다. 계속 구토를 하던 중 원효는 문득 깨달음을 얻었다.

　"어젯밤에 본 물과 오늘 아침에 본 물은 같은 것인데, 어찌하여 어제는 시원하고 달게 느껴졌으며 오늘은 역겹게만 느껴지는가? 같은 물인데 다른 것은 오직 내 마음 아닌가? 그렇다면 세상 모든 것은 마음이 만들어내는 것 아닌가?"

　이때 깨달은 바를 원효는 일체유심조(一切有心造)라고 한다. 곧 모든 것이 마음에서 비롯된다는 진리였다. 그는 "마음이 생기면 모든 것이 생기고, 마음이 멸하면 해골바가지와 나 또한 둘이 아니다."라고 읊었다.

　　하나의 마음이란 무엇인가?
　　더러움과 깨끗함은 그 성품이 둘이 아니고,
　　참과 거짓 또한 서로 다르지 않다.
　　그러므로 하나라고 한다.
　　이미 둘이 없는데 어떻게 일(一)이 될 수 있는가?
　　일(一) 있는 바가 없는데 무엇을 심(心)이라 말하는가?
　　이러한 도리는 말을 여의고 생각을 끊은 것이니

무엇이라고 지목할지를 모르겠으나
억지로 이름 붙여 일심(一心)이라 하는 것이다.[87]

물은 얼음이 되기도 하고 수증기가 되기도 한다. 얼음, 물, 수증기는 서로 다른 모습으로 드러나지만 근본은 하나다. 바다 역시 평온할 때가 있고, 거센 파도가 일 때가 있다. 고요한 바다와 요동치는 파도는 겉모습은 달라 보이지만 결국 같은 바다에서 비롯된 것이다.

원효는 이를 통해 일심(一心)의 도리를 설명했다. 바람이 불면 고요한 바다에 파도가 일어나듯, 한 마음 속에도 깨달음의 경지인 진여(眞如)와 어리석음의 상태인 무명(無明)이 함께 존재할 수 있다는 것이다.

원효는 쪽빛과 남색이 본래 하나이고, 물과 얼음이 근본적으로 다르지 않은 것처럼, 깨끗함과 더러움, 참과 거짓, 삶과 죽음 또한 일심의 관점에서 보면 모두 하나일 뿐이라고 보았다.

중생의 감각적·심리적 작용 역시 일심에서 비롯되었지만, 그 마음이 스스로의 근원을 제대로 알지 못하고 거슬러 나아갈 때 온갖 번뇌가 생겨난다. 결국 사람들이 삶과 죽음의 바다에 빠져 열반의 언덕에 이르지 못하는 까닭은 외부의 장애가 아니라, 오직 의혹과 잘못된 집착 때문이다.

따라서 원효는 모든 번뇌를 털어내고 본래의 자리인 일심으로 되돌아가야 한다고 강조했다. 그때 비로소 삶과 죽음, 번뇌와 깨달음의 대립이 허물어지고, 하나의 진리 안에서 자유에 이르게 된다는 것이다.

하나의 마음에서 멀어질 때, 우리는 분별의 세계 속으로 떨어져 서로를 가르고, 하나에 집착하며, 끝내 갈등과 번뇌를 만들어낸다. 그러나 그 모든 괴로움에서 벗어나는 길은 다시 본래의 하나의 마음으로 돌아가는 데 있다.

일심으로 돌아가면, 나와 남, 인간과 자연, 삶과 죽음의 경계가 허물어지고, 조화로운 하나의 세계가 드러난다. 그 세계 안에서 우리는 모든 생명을 품고 이롭게 하는 이익중생의 삶, 나와 너의 구분을 넘어선 동체자비의 삶을 살아갈 수 있다.[88]

갈대 구멍으로 하늘을 볼 것인가

원효는 신라가 고구려와 백제를 정복해 삼국 통일을 이루던 격변의 시기에 살았다. 통일의 이면에는 깊은 갈등이 자리하고 있었다. 귀족과 민중의 대립, 고구려·백제·신라 사람들 사이의 반목, 불교 내부의 분열까지 얽히며 사회는 불안정했다.

특히 불교가 국가의 중심 사상으로 자리 잡은 만큼, 이러한 갈등을 해소하고 조화를 이루는 일은 불교가 맡아야 할 중요한 과제였다.[89]

원효는 바로 이 문제 앞에 섰다. 그는 서로 다른 주장을 억지로 하나로 만들려 하지 않았다. 대신 차이를 그대로 인정하면서도, 결국은 같은 근원에서 비롯되었다는 점을 밝혀내려 했다. 그것이 바로 화쟁사상이다.

화쟁의 논리는 대립을 갈등과 싸움으로 극복하려는 방식이 아니라, 근원으로 돌아가 화해와 소통을 이루는 방식이었다. 그 근원은 바로 '하나의 마음', 곧 일심이며, 일심은 깨달음의 원천이었다.[90]

원효는 화쟁사상을 통해, 우리가 지금 보고 있는 생각이나 관점이 사실은 전체 중의 한 부분에 지나지 않는다는 점을 일깨웠다. 다른 사람의 관점과 더해질 때 비로소 더 넓고 타당한 진리에 가까워질 수 있음을 강조한 것이다.

원효는 당시 종파들이 서로 다투는 모습을 '위관규천(葦管窺天)'이라 하였다. 위관규천은 '갈대 줄기 속 빈 구멍으로 하늘을 본다'는 뜻이다. 갈대의 작은 구멍을 통해 하늘을 바라보면, 눈에 들어오는 것은 드넓은 하늘 전체가 아니라 아주 작은 조각에 불과하다. 그런데도 사람들은 그 좁은 시야만을 하늘의 전부라고 착각하기 쉽다.

원효는 이 비유를 들어 당시 불교 종파들의 논쟁을 꼬집었다. 여러 종파가 각자의 교리와 해석을 내세우며 그것이 불교 전체의 진리라고 주장했지만, 사실은 갈대구멍으로 본 하늘과 다르지 않았다는 것이다. 각자의 주장에는 나름의 의미와 가치가 있지만, 그것은 전체 진리의 한 부분일 뿐이었다.

이는 '장님 코끼리 만지기' 이야기와도 닮아 있다. 장님들이 모여 코끼리를 만져보고 각각 다른 결론을 내린다.

어떤 이는 다리를 만지고는 "코끼리는 기둥 같다"고 말하고, 또 다른 이는 귀를 만지고는 "넓적한 부채 같다"고 하며, 코를 만진 이는 "긴 밧줄 같다"고 주장한다. 그들 각자의 말은 틀리지 않지만, 모두가 코끼리의 일부만을 경험한 것일 뿐 전체 코끼리를 설명하지는 못한다.

이와 같이 한 부분만 보고 전체를 안다고 우기는 태도가 바로 위관규천과 같다.

원효가 강조한 것은 부분적 진리의 가치를 무시하자는 것이 아니었다. 그는 오히려 각 종파의 주장이 가진 의미를 존중하면서도, 그것을 전체 진리와 조화롭게 연결하려 했다.

한 갈대구멍으로 본 조각 조각의 하늘을 모아야 비로소 푸른 하늘의 온전한 모습이 드러나듯, 여러 사상과 교리의 부분적 진리를 통합해야만 더 높은 차원의 깨달음에 이를 수 있다는 것이다. 이것이 바로 원효가 제시한 화쟁사상의 요체였다.

원효는 화쟁을 두 단계로 설명했다.[91]

첫째는 서로 다른 입장이 정면으로 충돌하는 이쟁(異諍)의 단계이다. 이 단계에서는 대립과 갈등이 불가피하다. 예를 들어, 환경 보호와 경제 성장을 두고 찬반이 갈릴 때, 양측은 자신의 논거를 내세우며 치열하게 맞선다. 환경을 중시하는 쪽은 "지속 가능한 미래를 위해 개발을 멈춰야 한다"고 주장하고, 경제 성장을 강조하는 쪽은 "일자리를 만들고 국가 경쟁력을 높이려면 개발이 필요하다"고 주장한다. 이런 상황이 바로 이쟁의 모습이다.

두 번째는 회통(會通)의 단계이다. 원효는 갈등을 단순히 '네 말이 틀리고 내 말이 맞다'는 식으로 끝내지 않았다. 그는 대립 속에서도 공통된 지점을 찾아야 한다고 강조했다.

위의 예를 다시 생각해 보자. 환경과 경제라는 두 입장은 표면적으로는 충돌하는 것 같지만, 그 밑바탕에는 '사람들이 더 나은 삶을 살 수 있어야 한다'는 공통된 목적이 깔려 있다.

회통이란 바로 이러한 공통성과 보편성을 찾아내어 서로의 주장을 존중하면서 새로운 해법을 모색하는 과정이다.

오늘날 '지속 가능한 발전'이라는 개념이 등장해 환경과 경제를 동시에 고려하려는 노력이 이어지고 있다. 이것은 화쟁적 사고가 현대 사회에서도 얼마나 유효한지를 보여준다.

화쟁의 진정한 의미는 단순히 싸움을 멈추는 데 있지 않다.

오히려 나와 다른 타자의 관점을 인정하는 것에서 출발한다. 내가 보고 있는 세상이 전체가 아니라 부분일 수 있음을 받아들이고, 타인의 시선 속에서도 진리의 한 조각이 있음을 인정하는 태도다.

원효는 이것을 '불일불이(不一不二)'라고 표현했다. 나와 너는 하나도 아니고 둘도 아니며, 서로 다르면서도 의지하며 존재하는 관계라는 뜻이다.

진정한 소통과 화합은 서로의 다른 시선을 존중하면서 그것들을 연결해 더 넓은 진리의 하늘을 바라보는 데 있다. 원효의 화쟁사상은 바로 그 길을 보여준다. 조각난 진리들을 합쳐 더 큰 조화를 이루는 지혜, 그것이 오늘을 살아가는 우리에게도 여전히 필요한 가르침이다.

걸림이 없는 삶이 주는 자유

원효는 화쟁사상을 통해 서로 다른 사상과 종파, 나아가 삶의 태도들까지도 원만히 어울리게 하는 길을 제시했다.

화쟁은 "내가 옳고 너는 틀리다"라는 배타적 태도를 넘어, 차이를 존중하면서도 그 근원에서 하나로 이어질 수 있는 가능성을 찾는 지혜였다. 이 사상은 불교 내부를 넘어 한국인의 정신과 생활 속에 깊이 스며들어, 다름을 품고 공존하는 삶의 지혜로 자리 잡았다.

원효는 화쟁사상을 통하여 원융회통한 한국 불교의 사상적 전통을 창도하였을 뿐만 아니라, 한국인의 삶과 정신 속에 다른 것을 포용하고, 화해시켜 평화롭게 공존할 수 있는 슬기를 제공하였다.[92]

고려 시대 불교 내부에서 선종과 교종이 격렬히 맞섰다. 선종은 좌선을 통한 직접적인 깨달음을 중시했고, 교종은 경전을 통한 교리 이해를 강조했다. 겉으로는 정반대의 길처럼 보였지만, 원효의 화쟁 정신에서 이어지는 조화의 사상은 이 두 길을 상호 보완적 관계로 바라보게 했다.

그 결과 고려 불교는 선교일치라는 정신을 세워, 선과 교의 조화 속에서 새로운 발전을 이루었다. 이는 원효의 "다름 속의 하나됨"이라는 가르침이 역사 속에서 되살아난 대표적인 사례라 할 수 있다.

　조선 시대 동학(東學)은 경천 사상을 바탕으로, 유교, 불교, 도교의 가르침을 두루 수용하면서, 그것을 새롭게 조화시킨 민중 종교였다. "사람이 곧 하늘이다(人乃天)"라는 동학의 가르침은 모든 인간이 평등하다는 보편성을 강조했고, 서로 다른 종교와 사상을 포용하여 하나로 엮어내려는 시도였다.

　이는 원효가 주장한 일심 화쟁의 정신과 맞닿아 있다. 다름을 억누르거나 배제하지 않고, 오히려 다양한 사상을 종합하여 새로운 질서를 모색한 점에서 그렇다.

　원효는 자신의 깨달음을 교단 안에 가두지 않았다. 그는 중생의 구제를 위해 무애행(無碍行)을 실천했다. 무애행이란 글자 그대로 "걸림이 없는 삶"을 뜻한다. 진리를 전하는 데 있어 장소와 형식, 신분과 규율에 얽매이지 않고, 모든 사람에게 다가가고자 한 태도였다.

　원효는 표주박에 '무애'라는 이름을 붙이고, 그것을 들고 방방곡곡을 다니며 노래하고 설법했다. 산사에 머물며 일부 승려들만을 대상으로 가르침을 전하는 대신, 그는 장터와 마을, 농촌과 길거리를 누비며 민중에게 다가갔던 것이다.

덕분에 불교는 더 이상 귀족과 지식인의 전유물이 아니라, 아이들과 농부, 가난한 이들까지도 부처님의 이름을 부를 수 있는 민중의 종교가 될 수 있었다.

원효는 자신을 소성거사(小性居士)라 칭했다. 높은 지위나 학덕으로 불리기를 원하지 않고, 오히려 자신을 한낱 작은 사람이라 낮춤으로써 민중 곁에 서려 했다. 그는 권력의 울타리에 들어가지 않았다. 대신 시장의 소란 속에서, 가난한 이의 집에서, 아이들의 웃음 속에서 불법을 전했다. 그의 보살행은 절과 교리 속에만 머물지 않고, 일상의 삶 한가운데서 실천된 것이었다.

원효가 보여준 무애행은 단순한 방랑이나 파격이 아니었다. 그것은 진리란 본래 모든 이에게 열려 있다는 확신에서 비롯된 실천이었다. 불교가 소수의 특권적 지식이 아니라 모두의 삶과 고통을 구제하는 길이 되려면, 그 가르침은 거리로 나와야 한다고 그는 믿었다. 걸림이 없는 삶이란 곧, 누구도 배제하지 않는 삶이었다.

제12장

> **깨달음은 어떻게
> 실천으로 이어질까?**

혼란 속의 개혁가, 지눌

158년, 황해도 서흥군 동주. 국자감 관리의 집안에서 태어난 지눌은 어려서부터 병약하였다. 그의 부모님은 아들을 살리기 위해 이름난 의원을 찾아다니고 온갖 좋다는 약을 구했지만, 차도는 보이지 않았다. 결국 부모님은 사찰에 들어가 불전에 기도하며 서원을 세웠다.
"아이의 병이 낫는다면, 이 아이를 부처님께 바쳐 출가의 길을 걷게 하겠습니다."
기이하게도 서원이 있은 뒤, 아이의 병은 씻은 듯 나았다. 그렇게 여덟 살의 어린 나이에 지눌은 종휘 선사의 문하에 들어가 삭발하고 승려의 길에 들어섰다.
지눌은 오로지 도(道)를 향한 자기 수련에 모든 것을 바쳤다. 끊임없는 수행 끝에 지눌은 '선(禪)과 교(敎)는 둘이 아니다'라는 깨달음에 이르렀다. 그 확신은 분열과 대립으로 혼탁해진 불교계를 하나로 회통시키는 길이 되었다.
훗날 송광사 수선사에 머무르게 된 지눌의 소문은 순식간에 퍼졌고, 그의 결사운동에 동참하려는 이들이 구름처럼 모여들었다. 지눌은 그 중심에서 시대를 밝히는 등불과도 같은 존재가 되었다.[93]

성장하는 나를 위한 지혜

1. 순간을 믿어라
   완벽한 준비보다 중요한 건 '번쩍이는 통찰의 순간'을 붙잡는 용기다. 작은 순간에 스며드는 진실을 포착하는 눈이 필요하다.

2. 꾸준함이 답이다
   깨달음은 찰나에 오지만, 삶에 뿌리내리려면 긴 여정이 필요하다. 꾸준한 실천이 삶을 바꾼다.

3. 갈등보다 연결을 택하라
   다름은 적이 아니라 새로운 가능성이다. 차이를 껴안을 때 길이 열린다.

깨달음은 어떻게 실천으로 이어질까?

분열과 타락의 시대 속에서

인도의 대승불교가 중국에 전래된 이후, 불교는 부처님의 가르침을 배우고 실천하는 방법에 따라 크게 두 갈래로 나뉘었다. 하나는 교종, 다른 하나는 선종이다.

교종은 부처님의 말씀인 경전을 근본으로 삼는 종파로, 교리에 대한 깊은 이해와 경전의 해석, 그리고 계율의 실천을 중시했다. 그러나 지나치게 이론적이고 엄격한 성격 때문에 일반 대중에게는 쉽게 다가가기 어려운 면이 있었다.

이에 비해 선종은 마음을 중시했다. 그 시조는 남인도 황지국의 왕자로 태어나 중국으로 건너온 달마이다. 그는 소림사에서 9년 동안 면벽 수행을 하여 선에 통달했고, 중국 선종의 기틀을 마련했다.

선종의 핵심은 '이심전심(以心傳心)', 즉 마음에서 마음으로 전하는 가르침이다. 글이나 말보다 스승과 제자 사이의 직접적인 깨달음의 전승을 중요하게 여긴 것이다.

이는 석가모니와 제자 마하가섭의 일화에서 잘 드러난다. 어느 날 범왕의 청으로 설법에 나선 석가모니는 말 대신 꽃 한 송이를 들어 보였다. 대중은 그 뜻을 이해하지 못했지만, 오직 마하가섭만이 미소를 지었다. 말은 없었으나 마음을 통해 가르침이 전해진 것이다. 이를 염화미소라 한다.

선종에서는 모든 사람의 마음속에 이미 본래부터 맑고 깨끗한 성품, 즉 불성(佛性)이 있다고 본다. 불성이란 부처가 될 수 있는 근본 성품으로, 선종에서는 이를 자성(自性)이라고도 불렀다.

따라서 선종은 우리가 애써 밖에서 부처를 찾을 필요가 없으며, 본래 이미 완성된 부처라는 사실을 직관적으로 깨닫는 것을 중시한다. 이를 위해 선종은 경전의 해석이나 이론보다는 직관적 종교 체험에 가까운 선 수행을 강조했다. 선 수행을 통해 스스로 마음의 불성을 깨닫게 되면, 번뇌에서 벗어나 해탈에 이를 수 있다는 것이다.

선종은 여섯 번째 조사인 혜능에 이르러 본격적으로 꽃피우게 된다. 혜능은 가난한 집안에서 태어나 나무꾼으로 살아가던 인물이었다. 그는 스물네 살 무렵 5대 조사 홍인의 문하에 들어갔다. 그러나 글을 모르는 탓에 경전을 읽을 수 없었고, 절에서는 주로 허드렛일을 맡았다.

어느 날 한 스님이 비웃듯 물었다.

"글도 모르면서 어떻게 진리를 알 수 있다는 말이오?"

그러자 혜능은 담담히 대답했다.

"진리는 하늘의 달과 같고, 문자는 그 달을 가리키는 손가락과 같소. 달을 보려 하는데 어찌 반드시 손가락을 거쳐야 한단 말이오?"

이 일화는 혜능의 사상, 곧 깨달음은 문자나 이론이 아니라 스스로의 마음에서 직접 체득하는 것임을 잘 보여준다. 혜능은 글을 모르는 나무꾼이었지만, 오히려 그 단순한 직관 속에서 선종의 본질을 드러내며 중국 선종의 발전을 이끌었다.

혜능은 "자신의 본성을 바로 들여다본다면, 지식 공부나 점진적인 수행을 거치지 않아도 단번에 본성이 부처임을 깨달을 수 있다"고 보았다.

어리석은 사람은 자신의 청정한 본성을 알지 못해 번뇌에 휘둘리지만, 깨달은 사람은 오직 자신의 마음을 맑게 하는 것에 전념한다. 특별한 의식이나 수행보다도, 일상의 모든 행위 속에서 집착 없는 마음을 체험하는 것이 진정한 수행이다.

이는 "일상의 마음이 곧 부처의 마음이다"라는 가르침으로 발전했다. 곧, 부처는 멀리 있지 않고 우리의 삶 속에서 언제든 드러날 수 있으며, 일상생활 자체가 곧 수행의 장이라는 것이다.

통일 신라 말기에 중국으로부터 선종이 전래되었다. 이후 불교계는 교종과 선종이 균형을 이루며 발전해 나갔다.

하지만 지눌이 살던 무신 집권기의 시대 상황은 혼란 그 자체였다. 정치적으로는 변란과 민란이 끊이지 않았고, 종교적으로는 연이은 정변 속에 불교계의 기강이 무너져 내렸다. 불교 안에서도 선종과 교종이 서로를 견제하며 날카롭게 대립했고, 궁궐에 기대어 권세와 이익을 좇는 풍조가 퍼지면서 민중의 신뢰는 점점 잃어 갔다. 불교는 본래의 빛을 잃고 타락의 길에 접어들고 있었던 것이다.

이런 시대에 가장 시급했던 일은 무너진 불교계를 새롭게 바로잡고, 대립하던 선종과 교종을 하나로 아우르는 길을 찾는 것이었다. 지눌은 평생 이 문제를 붙들고 씨름했다. 단순히 이론만 세운 것이 아니라, 직접 실천하며 불교를 새롭게 일으키려는 노력을 멈추지 않았다.[94]

티끌 속에 깃든 우주

지눌은 선종과 교종의 가르침이 어떻게 맞닿아 있는지를 확인하고자 3년 동안 대장경을 열람하였다. 선승으로서 오직 수행에만 몰두하는 것이 일반적이었던 당시 상황에서, 지눌이 직접 경전의 방대한 내용을 탐구했다는 사실은 매우 파격적인 일이었다.

그 과정에서 지눌은 화엄경의 한 구절에 깊이 사로잡혔다.

"한 티끌 속에 대천세계가 들어 있다."

"여래의 지혜 또한 그와 같아서, 모든 중생의 몸속에 이미 갖추어져 있으나 어리석은 범부들은 이를 깨닫지 못한다."

이 구절을 통해 지눌은 큰 깨달음을 얻었다. 곧, 경전에 드러난 부처님의 말씀과 선에서 전해지는 부처님의 마음이 본질적으로 하나임을 확신하게 된 것이다.[95]

이 깨침은 이후 지눌이 선과 교를 화합시키고, 분열된 불교계를 회통하려는 사상적 토대가 되었다.

부처가 입으로 설하면 교(敎)이며
훌륭한 스승이 마음으로 전하면 선(禪)이다.
부처와 훌륭한 스승의 마음과 입은

결코 서로 어긋나지 않는다.

어찌 그 근원을 궁구하지 않고

각기 자기가 익숙한 데에만 안주하여

쓸데없이 쟁론을 일으켜

헛되이 시간을 낭비하는가.[96]

  지눌은 선종을 중심으로 교종을 아우르며 하나로 통합하고자 했다. 이를 선교일원이라 한다. 선교일원이란 곧 "선은 부처의 마음이요, 교는 부처의 말씀"이므로 선종과 교종은 본래부터 둘이 아니라 하나라는 뜻이다.

  이를 실천하기 위해 지눌은 두 가지 수행 원리를 제시했다. 하나는 단번에 본성을 깨닫되 이후 점진적으로 수행을 이어간다는 돈오점수(頓悟漸修)이고, 다른 하나는 선정[定]과 지혜[慧]를 함께 닦아야 한다는 정혜쌍수(定慧雙修)이다.

  이 두 수행법은 선과 교의 장점을 함께 살리면서 불교계를 새롭게 정비하고자 했던 지눌의 사상적 결실이라 할 수 있다.

깨달음, 그리고 꾸준한 수행

지눌에 따르면 돈오란 곧 처음으로 자신의 마음의 참된 모습을 깨닫는 체험이다. 그러나 한 번의 깨달음만으로 곧바로 완성에 이르는 것은 아니므로, 이후 꾸준한 수행을 이어가는 점수가 반드시 필요하다고 보았다.

돈오 후 점수의 필요성에 대하여 지눌은 수심결에서 이렇게 밝히고 있다.[97]

> 돈오란 무엇인가?
> 사람들이 자신의 본성이 바로 참 법신임을 모르고,
> 자신의 신령스러운 앎이 참 부처인 줄 알지 못하여,
> 마음 바깥에서 부처를 찾아 이리저리 헤맨다.
> 그러다가 문득 선지식의 가르침으로 올바른 길에 들어서서,
> 한 생각이 일어남에
> 그 생각이 나온 자리로 의식의 빛을 돌이켜
> 자신의 본성을 똑똑히 보고서,
> 자신에게 이미 신령스러운 앎의 성품이 갖추어져 있어서,
> 모든 부처님과 더불어 다르지 않음을
> 알게 되는 것을 돈오라고 한다.[98]

점수란 무엇인가?

돈오를 하여 비록 본성이

부처와 다를 것이 없음을 깨달았으나,

시작 없는 과거부터 익혀온 습기를

단박에 제거할 수 없어서,

깨달음에 의지해 닦으면서

점진적으로 변화하여 공부를 이루는 것이다.

아기가 처음 태어났을 때 모든 감각 기관을

이미 갖추고 있는 것이 어른과 다를 바가 없지만,

아직 그 힘이 충분하지 못하여 세월이 지난 뒤에야

사람 구실을 하는 것과 같은 것이다.[99]

지눌은 선지식을 통해 '내 마음이 곧 부처'임을 단번에 깨닫는 것을 돈오라고 한다. 마음속 깊은 곳에 본래부터 청정한 부처의 성품이 있음을 홀연히 알아차리는 것이다. 그러나 이렇게 깨달음을 얻었다고 해서 곧바로 모든 것이 바뀌는 것은 아니다. 오랫동안 몸과 마음에 배어 있던 습관과 기운, 즉 습기는 쉽게 사라지지 않기 때문이다. 그래서 지눌은 "깨달은 뒤에도 그 깨달음을 바탕으로 꾸준히 닦아 나가야 한다"고 강조했다.

지눌은 이를 어린아이와 어른의 관계에 비유했다. 갓난아이가 태어날 때 이미 눈·귀·코·입 같은 감각기관을 모두 갖추고 있는 것은 어른과 같다. 그러나 아직 힘이 부족하기 때문에 오랜 시간 충실히 근력을 키워야 비로소 성인으로 자랄 수 있다. 마찬가지로, 본래 부처의 성품이 갖추어져 있음을 깨닫는 순간이 돈오라면, 그 성품을 길러내어 완성해 가는 과정은 점수라고 할 수 있다.

지눌은 돈오와 점수, 곧 '갑작스러운 깨달음'과 '차근차근한 수행'이 모든 깨달은 이들이 걸어온 길이라고 하였다. 깨달음은 시작이고, 그 깨달음을 삶 속에서 길러내는 과정이 뒤따라야 한다는 것이다. 이는 불가의 수행에만 해당되는 것이 아니라, 오늘을 살아가는 우리의 삶하고도 깊이 연관된다.

예를 들어보자, 어떤 학생이 학교 도서관에서 우연히 세종대왕의 전기를 읽게 되었다. 세종이 백성을 사랑하는 마음으로 집현전을 세우고, 집요한 연구와 열정으로 훈민정음을 창제한 이야기는 그에게 깊은 감동을 주었다. "세종대왕은 나라와 백성을 위해 이렇게 공부하고 노력했구나. 나도 진심을 다해 배움에 몰두해야겠다."는 깨달음이 순간적으로 찾아왔고, 그는 그날부터 스스로 더 열심히 공부하겠다고 다짐하게 되었다.

그러나 오랫동안 공부와 거리가 멀었던 탓에 처음에는 책상 앞에 앉는 것조차 버거웠다. 잡생각이 꼬리에 꼬리를 물고 떠올라 자꾸 집중력이 흐트러졌다. 하지만 그는 매일 조금씩 시간을 늘려가며 습관을 다잡았고, 점차 집중하는 힘을 기를 수 있었다.

또 다른 사례를 들어보자. 어떤 사람이 건강검진에서 예상치 못한 '위험 신호'를 듣고 "이대로는 안 되겠다. 내 몸을 지켜야 한다."는 깨달음이 찾아왔다. 그러나 오랜 회식 문화와 늦잠 습관은 쉽게 바뀌지 않았다. 운동을 결심해도 며칠 못 가 포기하기 일쑤였다. 하지만 그는 마음을 다잡고 매일 10분이라도 걷는 것부터 시작했다. 조금씩 꾸준히 생활 습관을 고쳐 나가면서 점차 건강을 회복할 수 있었다. 깨달음을 실천으로 이어 간 점진적인 노력이 있었기에 변화가 가능했던 것이다.

이처럼 돈오점수는 우리가 삶 속에서 목표를 세우고 변화해 가는 과정과도 맞닿아 있다. 번쩍이는 깨달음이 방향을 밝혀 준다면, 그 길을 걸어가는 것은 꾸준한 습관과 인내다. 깨달음이 씨앗이라면, 점수는 그것을 키워내는 물과 햇볕인 셈이다.

깨달음은 외부의 사건이나 사물에 의해 일깨워진 것처럼 느껴진다. 하지만 그것은 이미 내 마음속에 있던 뜻이 일어난 것이다. 그런데 깨달았다 하더라도 바로 내가 질적으로 변화하기는 어렵다. 지금까지 살아온 습관이 몸과 마음에 베여있기 때문이다. 습관은 쉽게 고쳐지지 않는다. 그것은 지속적인 노력으로만 고쳐진다. 내가 건강을 위해 다이어트를 하려고 해도 식습관을 고친다는 것은 무척 어려운 일이다.

마음을 먹기도 어렵지만 마음먹은 후 이를 실천하기도 보통 어려운 일이 아니다. 그러니 깨닫고, 깨달은 바를 의지하여 오랜 습기를 제거하기 위해 지속적으로 수행한다는 돈오점수의 삶은 자신의 삶의 목표를 세우고 이를 이루기 위해 노력해 나가는 많은 사람들에게 지속적인 가르침을 줄 수 있는 수행 방법이다.

고요한 마음 속 깊은 지혜

우리의 마음은 끊임없이 흔들린다. 욕심이 생기면 만족을 몰라 더 갈구하고, 화가 치밀면 가까운 사람에게 상처 주며, 어리석음에 사로잡히면 잘못된 길을 걸으면서도 그것을 알아차리지 못한다. 불교는 이를 삼독(三毒), 곧 탐욕·분노·무지라 불렀다. 이 삼독은 인간을 괴롭히는 근본 뿌리고, 이를 다스리는 길이 곧 수행의 길이다.

삼독을 멸하기 위해 계·정·혜 삼학이 필요하다. 계는 계율을 지켜 삶에 질서를 세우는 것이고, 정은 마음을 한곳에 모아 고요히 머무는 선정이며, 혜는 사물의 본질을 꿰뚫는 지혜다. 다시 말해, 계는 '삶의 틀'을 바로잡고, 정은 '흔들리는 마음'을 고요히 가라앉히며, 혜는 '옳고 그름을 분별하는 눈'을 기르는 것이다.

삼학 모두 불교에서 중시한 수행 방법인데, 교종과 선종의 대립으로 말미암아 교종은 혜를, 선종은 정을 더 중시하게 되었다. 지눌은 정과 혜를 함께 닦아야 한다는 정혜쌍수(定慧雙修)를 내세웠다. 선정과 지혜, 두 가지를 동시에 길러야만 참된 수행에 이를 수 있다는 것이다.

> 선정은 본체요, 지혜는 작용이다.
> 본체에 즉한 작용이므로 지혜는 선정을 떠나지 않고,
> 작용에 즉한 본체이므로 선정은 지혜를 떠나지 않는다.
> 선정이 곧 지혜이므로
> 고요한 가운데 항상 지혜가 빛을 발하고,
> 지혜가 곧 선정이므로

지혜가 빛을 발하는 가운데 항상 고요하다.[100]

　선정은 마음의 바탕이고, 지혜는 그 바탕에서 드러나는 작용이다. 바탕이 있어야 작용이 가능하듯, 지혜는 언제나 선정에 의지해 있다. 반대로 작용이 있어야 바탕이 드러나듯, 선정도 지혜와 떨어져 있지 않다.
　그래서 선정은 곧 지혜이고, 지혜는 곧 선정이다. 마음이 고요할 때 그 속에서 지혜가 빛을 발하며, 지혜가 드러날 때 그 안에는 늘 고요함이 함께한다.
　지눌은 마음을 물에 비유하였다. 물결이 흔들리면 그 위에 비친 그림자가 부서지듯, 마음이 흔들리면 진리를 올바르게 비추지 못한다. 그러나 물이 맑고 고요하면 그림자가 온전히 드러나듯, 마음이 고요할 때 지혜 또한 제대로 작용한다.
　마음이 고요해야 지혜를 쌓을 수 있고, 지혜가 있기에 정신이 흐려지거나 어리석음에 빠지지 않게 된다. 그래서 그는 선정과 지혜를 수행의 두 축으로 삼아야 한다고 강조했다.
　망상이 일어나 마음이 어지러울 때는 먼저 정으로 다스려 본래의 고요함으로 돌아가야 한다. 반대로 멍한 상태나 무지에 빠졌을 때는 혜로써 밝히고 깨달아야 한다. 이렇게 정과 혜가 함께 작용할 때, 사람은 외부의 어떤 대상에도 휘둘리지 않고, 마음의 번잡함과 괴로움에서 완전히 벗어나 자유로운 존재가 될 수 있다고 지눌은 말했다.

　마음은 거울에 비유할 수 있다. 거울에 먼지와 얼룩이 가득하면 사물의 모습을 제대로 비추지 못한다. 그러나 깨끗하게 닦인 거울은 빛을 있는 그대로 반사해 선명한 모습을 드러낸다. 마음도 이와 같다. 마음이 산만하고 흔들리면 진리를 올바르게 볼 수 없지만, 고요하고 맑아지면 사물의 본질이 또렷하게 드러난다.

제13장

> 내가 붙잡고 있는 건
> 보물일까, 허상일까?

나라를 지킨 고승, 휴정

우리에게 서산대사라는 이름으로 알려진 휴정은 1520년 평안도 안주에서 태어났고, 어린 시절의 이름은 최여신이다. 그는 단란한 가정에서 '애기 스님'이라는 별명으로 귀여움을 받았으나, 아홉 살에 어머니를, 열 살에 아버지를 잃고 일찍 고아가 되었다.

그 고을의 군수였던 이사증은 여신의 총명함을 알아보고 양자로 삼아 한양으로 데려갔다. 성균관에 입학한 여신은 3년 동안 학문에 전념하였으나, 열다섯 살에 치른 과거시험에서 낙방하고 말았다. 낙방의 좌절 속에서 그는 친구들과 함께 호남 지방을 유람하게 된다.

지리산의 한 절에 머물던 어느 날, 노스님이 여신에게 이렇게 말씀하셨다. "세속에서 과거에 급제하는 것보다 더 귀한 건, 명예와 이익을 내려놓고 자유롭고 진실한 마음을 얻는 것이란다." 이 말은 여신의 마음을 깊이 흔들었고, 그의 삶을 바꾸는 전환점이 되었다. 여신은 열아홉 살에 출가하여 승려의 길에 들어섰다.

휴정은 임진왜란이 일어나자 승군을 조직해 전국 승려들을 궐기시켰다. 휴정의 제자들이 지휘한 의승군은 명군과 함께 싸워 평양성을 되찾는 데 큰 공을 세웠다.[101]

진짜 공부를 위한 지혜

1. 꾸준함이 실력이다

    하루에 몰아붙이는 열심보다, 닭이 알을 품듯 매일 조금씩 이어가는 꾸준함이 결국 차이를 만든다.

2. 균형을 잃지 마라

    조급하면 번아웃이 오고, 느슨하면 게을러진다. 공부와 일은 긴장과 여유의 균형 속에서 오래 간다.

3. 간절해야 버틴다

    목마른 사람이 물을 찾듯, 굶주린 사람이 밥을 찾듯 절실해야 끝까지 간다. 진짜 간절함이 있어야 흔들리지 않는다.

4. 스스로 책임져라

    누구도 내 인생을 대신 살아줄 수 없다. 가르침과 조언은 길을 비춰줄 뿐, 걸어가는 건 나 자신이다.

5. 집착에서 벗어나라

    도구에 매이지 말라. 시험, 자격증, 스펙은 뗏목일 뿐이다. 건너고 나면 내려놓아야 진짜 자유가 열린다.

내가 붙잡고 있는 건 보물일까, 허상일까?

🌿 참된 배움과 헛된 배움

명종 6년에 승과가 부활하자, 서른셋이 된 휴정은 최고의 성적으로 합격하여 대선이 되었고, 3년 뒤에는 선교 양종판사라는 불교계 최고의 자리에 올랐다. 그러나 서른여덟 살 겨울, 휴정은 모든 직위를 버리고 미련 없이 산으로 향했다.

이후 휴정은 묘향산에 머물며 후학들을 이끌고 불법의 참뜻을 전하는데 힘썼다.

세상의 허황된 이름을 탐하는 것은
헛된 공부에 몸이 괴로운 것이고
세상의 이익을 구하려고 힘쓰는 것은

업의 불에 섶을 더하는 것이로다.[102]

배움은 본래 본성을 닦는 것이니
어찌 사람이 알아주지 못하는 것을 성내며
도는 본래 삶을 온전히 하는 것이니
어찌 세상에 쓰임 되는 것을 구하겠는가?[103]

우리는 종종 이름과 이익을 좇으며 살아간다. 누군가의 인정과 칭찬을 받아야만 내가 배운 것과 살아온 길이 의미 있다고 믿는다. 그러나 명예를 향한 집착은 끝내 우리를 지치게 하고, 이익을 좇는 열망은 마음의 불길을 키워 번뇌를 더 크게 만든다.

배움의 본래 목적은 남보다 뛰어나 보이려는 것도, 세상에 이름을 남기려는 것도 아니다. 배움은 자기 안의 본성을 닦아 맑게 하는 데 있다. 그런데 누가 알아주지 않는다고 성내고 억울해한다면, 그 순간 이미 배움의 참뜻을 잃은 것이다.

세상에서 이름을 널리 떨치는 일에는 큰 대가가 따른다. 그 이름에 걸맞은 책임을 다해야 하고, 자유 역시 제약을 받게 된다. 사람들의 시선과 관심은 그의 일거수일투족을 좇고, 요청과 기대는 끊임없이 쏟아진다. 명예에 집착할수록 굴레는 더욱 단단해지고, 마음은 쉽게 어지러워진다.

휴정 또한 관직에 머무는 동안 끝없이 번뇌에 시달렸고, 병을 얻기도 했다. 그는 결국 모든 것을 내려놓고 산승으로 돌아갔다. 그 선택은 권력과 명예의 달콤함에 흔들리지 않는 고결한 기품을 드러낸다.

그는 배움이란 본래 자기 본성을 닦는 일이라 하였다. 참된 배움은 밖이 아니라 안을 향해 있으며, 그것을 놓친 사람은 결국 헛된 배움의 길을 걷는 셈이다.

> 배우는 사람이 능히 자신의 마음에
> 번뇌의 본성이 공한 것임을 비추어 보지 못하므로
> 다만 총명한 지혜를 가지고도
> 해가 다하고 삶이 끝나도록
> 남의 보배만을 헤아리느니라. [104)]

선덕이 이르시되
"미혹한 사람은 문자 속에서 깨달음을 구하지만
깨달은 사람은 자신의 마음에서 깨치며
미혹한 사람은 인을 닦아 과를 기다리지만

깨달은 사람은 마음이 본래 공한 것을 안다."
라고 하시니라.105)

우리는 배우고 익힌다고 하면서도 정작 자기 마음을 제대로 들여다보지 못할 때가 많다. 총명하고 지혜롭다고 스스로 자부하면서도, 해가 저물고 삶이 다하도록 결국 남의 보배만 헤아리며 살아가는 것이다.

글자에 집착하면 배움은 끝내 종이에 묶이고, 인과 과보에만 매달리면 삶은 끊임없는 기대와 실망 속에 흔들린다. 깨달음은 밖에서 얻어 오는 것이 아니다. 이미 내 마음속에 있는 공함을 자각하는 데서 비롯된다. 번뇌가 나를 휘감고 있다고 여길 때, 그 번뇌가 실체 없는 그림자임을 알아차리는 순간 마음은 비로소 자유로워진다. 남의 보배가 아닌 내 안의 보배를 볼 수 있을 때, 배움은 진정한 길을 비춘다.

경전 보는 것을, 만일 자기를 향상시키기 위하여
공부하지 않는다면
비록 수많은 불경을 다 보았을지라도
오히려 이익이 없으리라.106)

휴정은 자신의 마음이 곧 보물이며 보배임을 생각하지 못하고 문자에만 얽매이고, 남들이 한 말에만 매달리게 되면 아무리 총명한 지혜가 있더라도 평생 깨닫지 못할 것이라고 한다. 배우고자 하는 이는 항상 자신의 마음을 들여다보아야 한다.

스스로 지어낸 환상의 세계

휴정은 그를 찾아온 제자들에게 선가의 중요한 가르침을 일러준다. 그 가르침을 모은 것이 선가귀감이다. 휴정은 선가귀감에서 본성과 마음에 대해 이야기를 한다.

부처를 본성 안에서 찾을지언정
몸 밖에서 구하지 말지어다.
본성을 모르면 곧 범부이고
본성을 깨달으면 곧 부처이니라. [107]

마음은 이것이 중생의 본바탕 마음이라서
무명의 형상을 취하는 마음이 아니고,

성품은 이것이 한 마음의 근본이 되는 성품이라서
성품과 형상이 서로 대립되는 성품이 아니다.[108]

부처란 어디 특별한 곳에 있는 존재가 아니다. 내가 내 마음을 제대로 알지 못하면 범부, 즉 평범한 중생에 머무른다. 그러나 내 본성을 깨닫는 순간, 이미 그 자리가 곧 부처의 자리다.

우리의 마음은 본래 맑은 바탕을 지니고 있다. 욕심이나 분노 같은 무명(無明)이 마음을 덮어 흐리게 만들지만, 그 본질까지 바꿀 수는 없다. 성품 또한 따로 떨어져 있는 것이 아니라, 바로 이 마음의 근원이다. 그러니 마음과 성품은 둘이 아니라 하나이며, 대립하지 않는다.

부처를 밖에서 찾으려 할수록 길은 멀어진다. 그러나 마음을 들여다보는 순간, 부처는 이미 내 안에 있음을 알게 된다. 깨달음이란 새로운 무엇을 얻는 것이 아니라, 원래부터 내 안에 있던 본래의 빛을 다시 알아차리는 일이다.

무릇 마음을 일으켜 생각을 움직이며
거짓이나 참이라 말하는 것이 환상 아닌 것이 없느니라.[109]

선덕이 또 이르시되

"마음은 큰 환상을 만드는 사람이고

몸은 큰 환상을 만드는 성이고

사계는 큰 환상의 옷이고

명상은 큰 환상의 밥이거늘

범부는 환상인 것을 알지 못하여

곳곳에 환상의 업에 미혹되고

성문은 환상의 경계를 두려워하여

마음을 끊어 고요함에 들고

보살은 환상의 경계를 알아

모든 이름과 형상에 구속되지 않는다."

라고 하셨다.[110]

　마음은 우리를 지배한다. 우리가 보고 듣는 온갖 이름과 형상들은 마음의 재료가 되어, 환상을 만들어낸다. 그리고 우리는 그 환상의 세계 속에서 살아간다. 지금 내가 사는 세상은 나의 환상이 빚어낸 세계이고, 당신이 사는 세상은 당신의 환상이 그려낸 세계다. 그러니 세계는 갠지스 강의 모래알처럼 무수히 많으며, 사람들은 저마다 자신이 만들어낸 환상을 진짜라고 믿고 살아간다.

그러나 스스로 지어낸 환상의 세계를 알아차리지 못하는 이들은 그 속에서 울고, 웃고, 화내며 범부의 삶을 반복한다. 반면, 가르침을 듣고 수행에 힘쓰는 성문은 환상임을 자각하고, 진여와 환상의 경계에서 마음을 다스리려 애쓴다.

더 나아가 깨달음을 구하는 구도자인 보살은 환상과 진여의 경계를 이미 꿰뚫어 본다. 그러기에 그의 눈앞에 펼쳐지는 온갖 이름과 형상에도 매이지 않는다. 보살은 세계가 환상임을 알면서도 그 환상을 부정하지 않고, 다만 그것에 구속되지 않은 채 자유롭게 살아간다.

> 환상을 여의는 것은
> 구름이 흩어져 달이 나오는 것과 같으니
> 구름 없는 것을 곧 달이라고 이르는 것이 아니라
> 단지 구름이 없는 곳에서
> 달을 보는 것이고,
> 환상 없는 것을 곧 이 진여라고 이르는 것이 아니라
> 환상 없는 곳에서 진리를 보는 것이다.[111]

환상에서 벗어난다는 것은 구름 속에 가려 있던 달이 모습을 드러내는 것과 같다. 지혜라는 바람이 일면 환상의 구름이

걷히고, 마침내 밝은 달빛이 세상을 비춘다. 우리가 집착하는 온갖 형상과 이름들은 사실 구름과 같은 허상에 불과하다. 그것에 얽매이지 않을 때, 비로소 본래부터 맑고 청정했던 자신의 성품이 드러난다.

깨달음이란 새로운 무엇을 얻는 일이 아니다. 구름 너머에 이미 존재하던 달을 보는 일과 같다. 지혜의 바람이 불어올 때, 우리는 스스로를 가리고 있던 집착을 내려놓고, 본래의 빛을 되찾게 된다. 그리고 그 빛은 언제나 우리 안에 있었다는 사실을 알게 된다.

마음을 여의고
부처를 구하는 사람은 외도(外道)이고
마음에 집착하여
부처를 삼는 사람은 마(魔)가 되느니라.
무릇 기(機)를 잊는 것은 이것이 부처의 도이고
분별은 이것이 마의 경계니라.
또 분별을 내지 않으면
텅 비고 밝은 것이 스스로 비추리라.[112]

불교는 무엇보다 마음 다스림을 중시한다. 그런데 마음을 떠나 따로 부처가 되고자 한다면, 그것은 이미 불교가 아닌 다른 길을 따르는 것이다. 또 한편, '부처가 되고 싶다'는 욕망에 집착한다면 그것 또한 수행의 걸림돌이 된다. 집착은 마음의 독이 되어 마음을 병들게 하고, 깨달음에서 우리를 멀어지게 한다.

마음이 병든 사람은 자신의 청정한 본성을 제대로 볼 수 없다. 본래 맑은 마음을 가리는 것은 다름 아닌 분별이다.

'깨끗함과 더러움', '부처와 범부'와 같은 이분법적 분별에서 집착이 일어난다. 그러나 분별을 내려놓을 때 마음은 비워지고, 밝아진다. 그때 비로소 본래부터 맑고 청정했던 자신의 본성을 깨닫게 된다.

깨달음은 멀리 있지 않다. 집착과 분별을 내려놓을 때, 이미 내 안에 있던 본래의 빛이 드러나는 것이다.

닭이 알을 품듯 공부하라

휴정은 공부란 자신을 알기 위해 하는 것이라고 말한다. 그것은 자신의 청정한 본성을 깨닫고, 마음이 만들어낸 환상을 지혜로 거두기 위한 길이다. 그렇다면 공부는 어떤 자세로 해야 하는가?

공부는 급하지도, 느슨하지도 않아야 한다. 지나치게 집착하면 오히려 병이 되고, 느슨하면 게으름에 빠져 무지에 머무르게 된다. 그러므로 공부는 조금씩, 그러나 꾸준하고 면밀하게 이어 가야 한다. 무슨 일이든 급히 하면 체하듯, 공부도 마찬가지다.

> 공부하는 것이 긴급하면
> 혈기가 조화롭지 아니한 괴로운 병이 생기고
> 느슨하게 하면
> 한가한 성품의 습관이 배어 게으른 병이 되는 것이니
> 공부의 오묘한 이치는
> 오직 또렷또렷하고 면밀히 하여
> 적은 힘으로 조금씩 이룰 따름이니라.[113]

공부를 급하게 서두르면 기운이 어지러워져 몸과 마음이 병든다. 반대로 공부를 지나치게 느슨하게 하면 한가함에 젖어 게으름이 습관이 되고 만다. 서두름과 해이함, 두 길 모두 결국 공부를 망치는 길이다.

공부의 묘미는 오직 한 가지다. 조급하지 않으면서도 흐트러지지 않는 것이다. 마음을 또렷하게 세우고, 하나하나를 세밀히 다져 나가는 데 있다. 한 번에 큰 성취를 바라는 것이 아니라, 작은 힘으로 조금씩 쌓아 나갈 뿐이다.

공부에는 절실함과 끊임없는 노력이 필요하다. 마음이 진정으로 간절할 때, 공부는 마치 알을 깨고 새 생명을 얻는 과정처럼 마침내 깨달음으로 이어진다.

> 닭이 알을 품는 것은
> 따뜻한 기운을 이어 주어야
> 생명의 근원을 이루고
> 생명의 근원을 이루고도
> 병아리가 쪼는 소리에
> 어미가 쪼는 것을 못 미치면 그 알이 썩나니
> 이는 공부에 시종 끊어짐이 없음을 비유하시니라.
> 또 고양이에게의 쥐와 굶주릴 때의 밥과
> 목마를 때의 물과 아이에게의 어머니가
> 다 이러한 진실로 간절한 마음이니
> 화두도 이 간절한 마음이 없으면
> 이루지 못할 것이다.[114]

닭이 알을 품을 때는 따뜻한 기운을 끊임없이 이어 주어야 한다. 알이 생명의 근원을 품고 있다 하더라도, 마지막 순간 병아리가 껍질을 깨고 나오도록 어미가 끝까지 보살피지 않으면 그 알은 결국 썩고 만다. 수행과 공부도 이와 다르지 않다. 처음 뜻을 세우고 힘써 나아가더라도 중간에 그 열정을 놓아 버리면 끝내 성과를 맺지 못한다. 배움은 처음과 끝이 한결같을 때 비로소 결실을 맺는다.

병아리가 알 속에서 껍질을 두드릴 때, 어미 닭이 밖에서 함께 쪼아 주어야 새로운 생명이 탄생한다. 안에서만 두드리면 껍질은 깨지지 않고, 밖에서만 두드려도 새는 준비되지 못한다. 내적 노력과 외적 도움이 동시에 맞아야 변화가 이루어진다는 뜻이다. 공부도 마찬가지다. 스스로 절실한 마음으로 꾸준히 노력할 때, 스승의 가르침이나 좋은 책, 혹은 삶의 경험이 외부에서 다가와 깨달음의 순간을 열어 준다. 결국 배움은 간절한 내적 노력, 끊임없는 지속성, 그리고 외부의 인연이 어우러질 때 지식의 축적을 넘어 새로운 눈뜸으로 이어진다. 이를 줄탁동시(啐啄同時)라고 한다.

공부의 마음은 단순한 관심이나 잠시의 열심으로는 부족하다. 참된 배움에는 삶을 걸 만큼의 간절함이 필요하다. 고양이가 쥐를 잡으려는 순간의 전념, 굶주린 사람이 밥을 찾는 절실함, 목마른 이가 물을 구하는 간절함, 아이가 어머니를 찾는 애틋한 마음이 그러하다.

이런 마음은 단순한 욕구를 넘어 존재의 전부를 걸게 만든다. 공부 역시 마찬가지다. 적당히 하다 포기하는 태도로는 끝까지 갈 수 없다. 길고 고된 과정 속에서 나를 붙잡아 주는 힘은 재능이나 환경이 아니라 '절실함'이다. 배움에 대한 마음이 진실하고 간절할 때만이, 흔들리지 않고 끝까지 걸어가 새로운 깨달음에 이를 수 있다.

> 선덕이 이르시되
> "무릇 중생이 마음을 알아 스스로를 제도할지언정
> 부처가 능히 중생을 제도하지 못하시느니라.
> 부처가 만일 능히 제도하신다면
> 과거에도 부처들이 이미
> 항아의 모래처럼 헤아릴 수 없이 많았는데도
> 어떤 이유로 우리들이 지금까지 성불하지 못하는고?
> 그러므로 스스로 도를 닦지 않고
> 한갓 정토를 바라는 것이 착각인 것을 알겠도다."
> 라고 하셨다.[115]

사람은 누구나 괴로움에서 벗어나고, 평안한 마음을 얻고 싶어 한다. 그러나 그 길은 다른 누구도 대신 걸어줄 수 없다.

만일 부처가 중생을 제도할 수 있다면, 이미 과거의 무수한 부처들이 우리를 다 구제했어야 할 것이다. 그런데 왜 여전히 우리는 번뇌 속에서 흔들리고, 성불하지 못하고 있는가? 그 까닭은 분명하다. 깨달음은 스스로의 마음을 닦는 데서 비롯되기 때문이다.

그러므로 수행의 노력 없이 정토만을 바라며 구하는 것은 어리석은 일이다. 아무리 기름진 땅이라 하더라도 씨앗을 뿌리고 정성껏 가꾸지 않으면 결코 열매를 거둘 수 없다. 부처의 가르침 또한 이와 같다. 그 가르침은 길을 가리키는 이정표에 불과하다. 이정표가 방향을 알려 줄 수는 있지만, 실제로 그 길을 걸어내는 발걸음은 오직 자기 자신의 몫이다.

결국 도는 밖에서 주어지는 것이 아니라, 자기 마음 안에서 스스로 빚어내는 것이다. 마음을 바르게 바라보고, 끝없는 집착을 놓아 버리며, 진실하게 삶을 닦아 나갈 때에만 비로소 성불에 이를 수 있다. 깨달음은 매일의 삶 속에서 자신이 흘린 땀과 인내, 그리고 간절한 정성이 차곡차곡 쌓여 만들어 내는 결실이다.

대장부는 부처나 조사 보는 것을 원수같이 할지어다.
만일 부처에 집착하여 구하면 부처에 매이게 되고
만일 조사에 집착하여 구하면 조사에 매일 것이다.
구하는 것이 모두 괴로움이라서
일없는 것만 같지 못하도다.[116)]

휴정은 말한다. 부처든 조사든 그 누구에게도 의지하지 말라고. 스스로 뜻을 세우고 걸어가지 않는다면, 아무리 귀한 가르침을 들었다 해도 깨달음에도, 정토에도 다다를 수 없다. 역사 속 수많은 부처들이 세상에 나타났다가 사라져 갔지만, 그들이 남긴 것은 길을 비추는 가르침뿐이었다. 그 길을 걸어 깨달음에 이르는 일은 오직 자신의 힘으로 해야 한다.

강을 건널 때 뗏목을 빌려 타는 것처럼, 가르침은 우리를 건너게 해 준다. 그러나 강을 건너고 나면 그 뗏목은 놓아야 한다. 뗏목이 고맙다고 그것을 등에 메고 다니는 일만큼 어리석은 일도 없다. 부처와 조사의 가르침도 마찬가지다. 그 자체가 목적이 아니라, 우리를 건너게 해 주는 다리일 뿐이다.

불교는 다른 어떤 종교보다도 주체성을 강조한다. 자신의 노력 없이 깨달은 자가 될 수 없고, 스스로 마음을 다스리지 않는다면 번뇌의 속박을 벗어난 맑은 세상에도 이를 수 없다.

깨달음의 문은 누구에게나 열려 있지만, 그 문을 열고 들어가는 일은 오직 나 자신의 몫이다.

주석

1) 사마천 지음, 고산·고명 편저, 김하나 옮김, 『사기』, 팩컴북스, 2010, 191-194쪽.
2) 노자 지음, 이기동 옮김, 『노자』, 동인서원, 2001, 33쪽.
3) 노자 지음, 앞의 책, 98쪽.
4) 노자 지음, 앞의 책, 353쪽.
5) 노자 지음, 앞의 책, 143쪽.
6) 노자 지음, 앞의 책, 74쪽.
7) 노자 지음, 앞의 책, 315쪽.
8) 노자 지음, 앞의 책, 518쪽.
9) 노자 지음, 앞의 책, 44쪽.
10) 노자 지음, 앞의 책, 390쪽.
11) 사마천 지음, 앞의 책, 389-390쪽.
12) 장자 지음, 강수·이권 옮김, 『장자 I』, 도서출판 길, 2005, 242-243쪽.
13) 장자 지음, 『장자』, 지북유편 6장, 동양고전종합DB.
14) 장자 지음, 앞의 책, 144-145쪽.
15) 장자 지음, 『장자』, 추수편 1장, 동양고전종합DB.
16) 풍우란 지음, 박성규 옮김, 『중국철학사 상』, 까치, 2012, 368쪽.
17) 장자 지음, 『장자』, 추수편 1장, 동양고전종합DB.
18) 장자 지음, 앞의 책, 50-53쪽.
19) 장자 지음, 앞의 책, 60-61쪽.
20) 장자 지음, 앞의 책, 396-397쪽.
21) 장자 지음, 앞의 책, 166쪽.
22) 장자 지음, 앞의 책, 150~153쪽.
23) 풍우란 지음, 앞의 책, 381쪽.
24) 《경향신문》, 2015. 1. 19. 김세훈 기자.
25) 마스터니 후미오 지음, 이원섭 옮김, 『불교개론』, 현암사, 2008, 119쪽.
26) 마스터니 후미오 지음, 앞의 책, 120쪽.
27) 마스터니 후미오 지음, 앞의 책, 125쪽.

28) 마스터니 후미오 지음, 앞의 책, 162쪽.
29) 활성스님 해설, 백도수 옮김,『초전법륜경』,고요한 소리, 2023, 77쪽
30) 마스터니 후미오 지음, 앞의 책, 167쪽.
31) 마스터니 후미오 지음, 앞의 책, 167쪽.
32) 마스터니 후미오 지음, 앞의 책, 잡아함경.
33) 마스터니 후미오 지음, 앞의 책, 80쪽.
34) 각묵 옮김,『디가 니까야』,초기불전연구원, 2021, 288-289쪽
35) 사마천 지음, 앞의 책, 198-210쪽.
36) 풍우란 지음, 앞의 책, 116쪽.
37) 공자 지음, 김형찬 옮김,『논어』, 홍익출판사, 2015, 193쪽.
38) 공자 지음, 앞의 책, 204~205쪽.
39) 공자 지음, 김형찬 옮김,『논어』, 홍익출판사, 2015, 145쪽.
40) 맹자 지음,『맹자』, (공손추장구 상 6), 동양고전종합DB.
41) 맹자 지음,『맹자』, (양혜왕장구 상 7), 동양고전종합DB.
42) 맹자 지음,『맹자』, (진심장구 하 14), 동양고전종합DB.
43) 맹자 지음,『맹자』, (진심장구 하 14), 동양고전종합DB.
44) 순자 지음, 김학주 옮김,『순자』, 을유문화사, 2002, 657-658쪽.
45) 순자 지음, 앞의 책, 664쪽.
46) 순자 지음, 앞의 책, 206쪽.
47) 순자 지음,『순자집해』, 권학편, 1-3, 동양고전종합DB.
48) 순자 지음, 2002, 위의 책, 240-241쪽.
49) 순자 지음, 앞의 책, 269쪽.
50) 순자 지음, 앞의 책, 476-477쪽.
51) 풍우란 지음, 박성규 옮김,『중국철학사 하』, 까치, 2012, 532쪽.
52) 여정덕 편찬, 허탁·이요성 옮김,『주자어류1』, 청계출판사, 1998, 89쪽.
53) 여정덕 편찬, 1998, 앞의 책(1), 94쪽.
54) 여정덕 편찬, 허탁·이요성 옮김,『주자어류2』, 청계출판사, 1998, 581쪽.
55) 여정덕 편찬, 1998, 앞의 책(2), 580쪽.
56) 여정덕 편찬, 1998, 앞의 책(2), 659쪽.

57) 여정덕 편찬, 1998, 앞의 책(2), 672쪽.
58) 김낙진·권인호·김충욱·박기용 지음, 『조식의 생애와 사상』, 진주교육대학교 진주문화교육연구원, 2001, 49쪽.
59) 조식 지음, 경상대학교 남명학연구소 옮김, 『남명집』, 한길사, 2008, 254쪽.
60) 조식 지음, 앞의 책, 181쪽.
61) 김낙진 외 3인 지음, 앞의 책, 54쪽.
62) 조식 지음, 앞의 책, 151-153쪽.
63) 최석기 지음, 『남명 정신과 문자의 향기』, 경인문화사, 2007, 132-136쪽.
64) 조식 지음, 앞의 책, 234-235쪽.
65) 조식 지음, 앞의 책, 322쪽.
66) 김낙진 외 3인 지음, 앞의 책, 72쪽.
67) 김충열 지음, 「남명 조식 선생의 생애와 학문정신」, 『한국의 사상가 10인 남명 조식』, 예문동양사상연구원·오이환 편저, 예문서원, 2004, 214-243쪽.
68) 김충열, 2004, 56-57쪽.
69) 경상대학교 남명학 연구소, 2020, pp. 313-316.
70) 김낙진 외 3인 지음, 앞의 책, 75쪽.
71) 조식 지음, 앞의 책, 331쪽.
72) 박병기 지음, 「우리 시대의 윤리와 남명, 인성교육」, 『남명집』, Vol. 22 (2017), 54쪽.
73) 권오봉 지음, 『이퇴계의 실행유학』, 학사원, 1997, 407~408쪽, http://www.who-who.net/iw/j2.htm.
74) 최영진 외 지음, 『한국철학사: 16개의 주제로 읽는 한국철학』, 새문사, 2023, 53쪽.
75) 이황 지음, 윤사순 옮김, 『퇴계선집』, 현암사, 1999, 247쪽.
76) 여정덕 편찬, 허탁, 이요성·이승준 옮김, 『주자어류3』, 청계출판사, 2001, 151쪽.
77) 여정덕 편찬, 2001, 위의 책, 150쪽.

78) 이황 지음, 앞의 책, 353쪽.
79) 최영진 외 지음, 앞의 책, 149-150쪽.
80) http://www.who-who.net/ii/ii%20r-2-11.htm.
81) 유원기 지음,『조선 성리학 논쟁의 분석적 탐구』, 역락, 2018, 344-345쪽.
82) 유원기 지음, 앞의 책, 346쪽.
83) 유원기 지음, 앞의 책, 373쪽.
84) 유원기 지음, 앞의 책, 387쪽.
85) 이이 지음, 이민수 옮김,『격몽요결』, 을유문화사, 2016, 48쪽.
86) 최영진 외 지음, 앞의 책, 73-75쪽.
87) 원효 지음, 은정희 옮김,『대승기신론소·별기』, 일지사, 1999, 88쪽.
88) 최영진 외 지음, 앞의 책, 84-85쪽.
89) 최영진 외 지음, 앞의 책, 78-79쪽.
90) 최영진 외 지음, 앞의 책, 82-83쪽.
91) 박병기,「해소의 논리, 화쟁(和諍)의 언어」,『국민윤리연구』제60호, 18-20쪽.
92) 최영진 외 지음, 앞의 책, 86쪽.
93) 출처:《법보신문》, http://www.beopbo.com, 이재형 기자, 2006. 11. 06.
94) 최영진 외 지음, 앞의 책, 108쪽.
95) 최영진 외 지음, 앞의 책, 109쪽.
96) 지눌 지음,『화엄론절요서』, 동국대학교 출판부, 한국불교전서, 4권, 768쪽.
97) 최영진 외 지음, 앞의 책, 115쪽.
98) 지눌 지음, 윤홍식 풀어씀,『수심결 강의』, 봉황동래, 2012, 155쪽.
99) 지눌 지음, 2012, 앞의 책 172쪽.
100) 동국대학교 출판부 편찬,『한국불교전서』, 4권, 711쪽.
101) 김영태 지음,『서산대사의 생애와 사상』, 박영사, 1973, 11-117쪽.
102) 윤석민·권면주·유승섭 지음,『쉽게 읽는 선가귀감 언해 下』, 박이정, 2006, 150쪽.

103) 윤석민·권면주·유승섭 지음, 앞의 책(下), 140쪽.
104) 윤석민·권면주·유승섭 지음, 앞의 책(下), 125쪽.
105) 윤석민·권면주·유승섭 지음, 앞의 책(下), 130쪽.
106) 윤석민·권면주·유승섭 지음, 앞의 책(下), 119쪽.
107) 윤석민·권면주·유승섭 지음, 앞의 책(下) 93쪽.
108) 윤석민·권면주·유승섭 지음, 『쉽게 읽는 선가귀감 언해 上』, 박이정, 2006, 77쪽.
109) 윤석민·권면주·유승섭 지음, 앞의 책(上), 253쪽.
110) 윤석민·권면주·유승섭 지음, 앞의 책(上), 246쪽.
111) 윤석민·권면주·유승섭 지음, 앞의 책(上), 51쪽.
112) 윤석민·권면주·유승섭 지음, 앞의 책(上), 64쪽.
113) 윤석민·권면주·유승섭 지음, 앞의 책(上), 147쪽.
114) 윤석민·권면주·유승섭 지음, 앞의 책(上), 51쪽.
115) 윤석민·권면주·유승섭 지음, 앞의 책(下), 117쪽.
116) 윤석민·권면주·유승섭 지음, 앞의 책(下), 288쪽.